ISBN 978-0-483-65791-5
PIBN 10407512

1 MONTH OF
FREE
READING

at

www.ForgottenBooks.com

By purchasing this book you are eligible for one month membership to ForgottenBooks.com, giving you unlimited access to our entire collection of over 1,000,000 titles via our web site and mobile apps.

To claim your free month visit:

www.forgottenbooks.com/free407512

STORIA ECCLESIASTICA

DI TAORMINA

OPERA INEDITA

DI MONSIGNOR GIOVANNI DI GIOVANNI

TRADOTTA DAL LATINO

E CONTINUATA SINO A' NOSTRI GIORNI

DAL SAC. PETRONIO GRIMA

PROFESSORE DI DRITTO CANONICO NEL SEMINARIO ARCIVESCOVILE
DI PALERMO.

———

Palermo

TIPOGRAFIA BARCELLONA
via dell'Università, 44.

—

1870.

Imprimatur
Die 1 Decembris 1870.
Can. A. Cervello V. C.

PREFAZIONE DEL TRADUTTORE

—

Uno de' più grandi ingegni di cui a buon dritto altamente si onora la Sicilia, fu senza fallo l'autore della presente istoria, monsignor Giovanni Di Giovanni. Nato in Taormina il 22 giugno del 1699, visse i migliori anni in Palermo, e qui morì agli 8 di luglio dell'anno 1753, nella non avanzata età di anni 54. Qui occupò delle luminose cariche, a cui la grandezza dell'ingegno, la vastità della dottrina, e la rara esemplarità de' costumi l'avea ben presto chiamato. — Fu canonico della Cattedrale (1), esaminatore sinodale, rettore del

(1) Nell' aula capitolare della Cattedrale di Palermo, dove sono i ritratti di quei canonici che per dottrina, pietà, e luminose cariche han decorato il capitolo, vedesi a manca, nel centro della prima fila, quello del Di Giovanni; e sotto vi si legge la seguente iscrizione: *Joannes de Joanne tauromenitanus, hujus sanctae metropolitanae ecclesiae canonicus, et supremus regiae monarchiae et apostolicae legationis judex: vir eximia*

Seminario de' chierici, Vicario Capitolare; qualificatore, consultore, avvocato fiscale dell'allora esistente sacra inquisizione e poscia inquisitore, e finalmente Giudice dell' or soppresso Tribunale della Regia Monarchia (1); e sarebbe certamente ad assai più alti gradi salito, se una morte immatura non lo avesse rapito a' viventi.

Però la gloria vera del Di Giovanni sta in quelle grandi produzioni del suo vastissimo ingegno, per le quali si rese celebratissimo non che in Sicilia, ma nelle più colte città d'oltremare e d'oltremonte. Non istaremo qui a farne l'analisi, avendone poc'anzi diffusamente ragionato il sacerdote Alberto Pierallini nella biografia che premise alle *Dissertazioni sulla Sto-*

pietate, omnigenaque doctrina praeditus; et qui primum acri judicio, nullum partium studio, certis tantum monumentis, atque ordine concinniore res siculas illustravit, praeclarissimum hujus collegii, quin et Siciliae totius, ornamentum. Vixit non plus annis LIV, obiit anno MDCCLIII.

(1) Il Tribunale della Regia Monarchia in Sicilia fu soppresso or son tre anni dal regnante Pontefice Pio IX per la Bolla *Suprema* pubblicata il 10 Ottobre 1867.

ria di Taormina scritte in latino da lui, e da esso Pierallini volgarizzate e pubblicate in Palermo nel 1869; ne daremo soltanto un rapido cenno. La prima opera che manifestò alla Sicilia tutta la vastità della erudizione, e l'instancabile pazienza del Di Giovanni nel ricercare i monumenti dell'antichità, fu quella che pubblicò nel 1736 sulla Sacra Liturgia di Sicilia, e che intitolò *De Divinis Siculorum Officiis.* Tenne dietro ad essa l'opera colossale intitolata *Codex Diplomaticus*, che avea diviso in cinque volumi, e nella quale avea raccolto ogni fatta di monumenti che riguardano la storia di Sicilia, cominciando dall' era volgare sino ai suoi tempi. Tutti sanno le grandi tempeste suscitate contro l'autore, e le grandi amarezze che dovette soffrire, a cagione delle gare municipali, che la pubblicazione del primo volume fatta nel 1743 eccitò, e come a cagion di esse, arrestatasi la pubblicazione de' quattro susseguenti volumi, siasi smarrito questo grande tesoro della siciliana letteratura. Chi avesse vaghezza di più estese notizie di questa celebre controversia potrebbe consultare il *Prospetto*

*della Storia letteraria di Sicilia nel secolo
XVIII* di Domenico Scinà, e la *Biografia* del
Di Giovanni scritta dal Pierallini sopra citato.
Quasi a rifarsi dalle persecuzioni sofferte metteva fuori nel 1748 un' altra non men pregevole opera che è l'*Ebraismo in Sicilia*, ossia
la storia della dimora fatta dagli Ebrei in quest' isola, nella quale espone lo stato degli E-
brei fra noi, ed enumera tutte le comunità di
essi che erano state in diversi tempi ed in diversi paesi di Sicilia, sino a che nel 1492 ne
furono discacciati da Ferdinando il Cattolico.
Dopo d'avere nella qualità di rettore del Seminario Arcivescovile di Palermo riformata la
disciplina, riordinati gli studii, ed ottenuto dal
Pontefice Benedetto XIV agli Arcivescovi di Palermo il dritto di conferire la laurea dottorale
agli studenti in detto Seminario (1), si susci-
tarono contro lui nuove tempeste, che possono leggersi ne' sopracitati scrittori; ed egli

(1) Pubblicheremo in fine di quest'opera la Bolla corrispondente in segno di grato animo della città di Palermo a quella di Taormina per esserne stato il Di Giovanni caldissimo promotore.

quasi a disacerbare il suo animo dalle patite amarezze, applicossi ad un nuovo lavoro che pubblicò in Roma nel 1749 con la falsa data del 1747. Fu questo la *Storia de' Seminarii Chiericali*, che intitolata al Papa Benedetto XIV, fu tanto da quel dottissimo Pontefice tenuta in pregio, che ne fece onorata menzione nel suo libro *De Synodo Diocesana* (1).

A parte di queste opere che furono da lui pubblicate, altre ne lasciò manoscritte. Tali sono: la *Vita di Santa Lucia V. e M.* con gli atti greci illustrati, ma questa fu dopo la di lui morte pubblicata nel 1758 dal Conte Cesare Gaetani Della Torre; la *Storia Ecclesiastica di Sicilia* divisa in tre volumi, de' quali il solo terzo non era ancora compito, ed essa fu ancora pubblicata nel 1846, per cura del Beneficiale oggi Canonico della Reale Cappella Palatina D. Cesare Pasca, con le annotazioni,

(1) La squisita delicatezza del Di Giovanni gli fece apporre al suo lavoro la falsa data del 1747 affinchè, essendo essa anteriore alle persecuzioni da lui sofferte a cagione del suo rettorato del Seminario Arcivescovile, togliesse il sospetto che fosse quell'opera una vendetta contro i suoi avversarii.

e con promessa della continuazione del ch.
Prete dell'Oratorio Salvatore Lanza dei Principi di Trabia (1); le *Dissertazioni sulla storia civile di Taormina*, che come sopra abbiam detto, furono volgarizzate dal sacerdote
Alberto Pierallini, e pubblicate l'anno scorso
per impulso dell'egregio Taorminese Pietro Cuscona Deturcis, e per cura del ch. Sig. Principe di Galati; la storia del Seminario Arcivescovile di Palermo (2), e la vita di S. Panteno
che tuttora sono inedite; e finalmente la *Storia
Ecclesiastica di Taormina* che per me tradotta dal latino e continuata sino a questo anno
1870, vede nel presente volume la luce.

(1) Il P. Lanza, che per solo amore della scienza e del
clero è professore di Storia Ecclesiastica nel Seminario
Arcivescovile di Palermo, promise la continuazione della
storia dal secolo XIV in cui l'avea lasciata il Di Giovanni sino ai nostri giorni, ma non l'ha ancora pubblicata. Vogliamo sperare che presto faccia questo dono
a' letterati ed al clero di Sicilia, tanto più, che come
egli gentilmente ci ha detto, ne ha già compito il lavoro.

(2) Questa storia con le annotazioni e con la continuazione sino al nostro tempo dell'illustre gesuita Alessio
Narbone, si conserva manoscritta nel Seminario stesso.

Della pubblicazione della presente istoria, da me volgarizzata, non che della civile tra-dotta dal Pierallini, devesi tutto il merito e l'onore al nobile Taorminese Pietro Cuscona Deturcis, il quale nel suo fervido amore per la terra natale, e nel suo zelo ardentissimo per la cattolica religione, fu di essa caldo pro-motore presso il Consiglio Municipale di Taor-mina, a cui degnamente presiede nella qualità di Sindaco. Vogliam qui trascrivere per intero la deliberazione municipale da lui promossa sull'assunto, affinchè di essa resti perpetua memoria :

L'anno milleottocento sessantacinque.

Il giorno sedici Settembre in Taormina.

Riunitisi in questa Casa Municipale i Si-gnori D. Pietro Cuscona Deturcis Presiden-te, D. Francesco Corvaja e D. Nicolò Dr. Cyprioti Assessori, assistiti dal Segretario Sig. Pancrazio Atenasia.

Il Presidente Sig. Cuscona all'oggetto di analogamente deliberare ha presentato ai Componenti la medesima Giunta il seguente progetto, cioè :

1° *Doversi dare alla luce per mezzo della pubblica stampa l'istoria patria Civile ed Ecclesiastica di questo storico paese di Taormina, dall'illustre patriotta monsignor Giovanni Di.Giovanni scritta in lingua latina e che trovasi in diversi ed antichi manoscritti esistenti presso la Biblioteca del Senato di Palermo, con farsi pria volgarizzare in lingua italiana.*

2° *A conseguire ciò scegliersi la benemerita persona dell'illustre letterato Sig. Giuseppe De Spuches Principe di Galati, acciocchè con la valevole sua direzione, e coi suoi lumi l'opera sudetta potesse uscire alla luce in quella perfezione possibile con dovere al detto Sig. Principe conferire le più ampie ed analoghe facoltà.*

La Giunta come sopra composta trovando ben fondato il progetto del Presidente, considera, esser pur troppo conveniente in tempi di progresso e d'incivilimento conoscersi per mezzo della pubblica stampa i fasti, e gli avvenimenti di un paese eminentemente storico per civile e militare grandezza.

Considerando che l'opera storica di Monsignor Giovanni Di Giovanni trovandosi scritta in latino idioma difficile si rende all'intelligenza della comune degli uomini della crescente gioventù, e quindi non raggiunto per intiero lo scopo della stampa della medesima, sicchè è opera più che utile volgarizzarsi in idioma italiano.

Attesochè l'opera succennata di Monsignor Di Giovanni è l'unica che merita darsi alla luce per mezzo della stampa; quale opera storica trovandosi contenuta e divisa in antichi e varî manoscritti si rende indispensabile l'assistenza e la direzione di una persona fornita di letteraria erudizione, e di storia patria, e che la illustre persona del Sig. Principe di Galati racchiude in sè tutti i meriti e requisiti a far raggiungere lo scopo nella sua pienezza.

Per questi motivi:

1° La Giunta come sopra composta unanimemente delibera la pubblicazione in istampa dell'istoria di Taormina per Monsignor Giovanni Di Giovanni patriotta illustre taorminese volgarizzandosi in lingua italiana.

2° Ed a conseguire detto scopo scegliere l'onorevole ed esimio letterato Sig. Giuseppe De Spuches Principe di Galati per assistere e dirigere la pubblicazione di detta opera, conferendogli all'uopo le più ampie facoltà di farla stampare in quel modo e con quelle condizioni che crederà conveniente di convenire col tipografo sul prezzo della medesima stampa, e pagare tutte quelle somme che si richiederanno, le quali sul semplice di lui notamento da questa Comune gli saranno rimborsate, e fare generalmente tutto quanto sarà necessario, promettendo di avere il tutto per rato e fermo.

La presente sarà affissa nel luogo destinato dalla Legge, ed inviata copia al Sig. Sotto Prefetto.

La Giunta Municipale—*Il Sindaco*—Pietro Cuscona Deturcis —*Gli Assessori*—Nicolò Dr. Ciprioti—Francesco Corvaja—*Il Segretario Comunale*—Pancrazio Atenasio.

L'egregio Principe di Galati affidò al sacerdote Pierallini il volgarizzamento della Storia

Civile, ed a me quello della Ecclesiastica. La
Storia Civile come di più piccola mole, ed incominciata prima dell' altra, fu già come si è
detto pubblicata nel 1869; la Ecclesiastica, a
cui ho voluto aggiungere la continuazione sino
a' nostri giorni, ed un quadro dello stato presente della Chiesa di Taormina, vede oggi sul
finire del 1870 la luce. Nel volgarizzamento ho
seguito fedelmente i concetti dell'autore, ed ho
studiato ogni possibile chiarezza, soggiungendo
a quando a quando qualche nota in piè di pagina
che avesse rapporto a qualche storica oscurità
contenuta nel testo. Ho tralasciato di trascrivere
le prolisse citazioni di testi greci, che sarebbero al nostro scopo un inutile lusso, conten-
tandomi d'addurre soltanto in margine alcuna
delle più importanti tratte dal latino. Si son
del pari trasandate le tavole numismatiche a
cui accenna il Di Giovanni nel corso della storia; sì perchè non esistenti nel manoscritto che
ho avuto per le mani (1), come ancora perchè
le grandi opere su questa materia posteriormente

(1) Il manoscritto di cui mi son servito per la presente

pubblicate, fan perdere il pregio alle antiche collezioni dell'autore. Valga la pubblicazione di queste glorie religiose della città di Taormina a raffermare il buon popolo di quella città, non che della intera Sicilia, nei sentimenti della cattolica fede che ha sempre mai professato.

Palermo 1 dicembre 1870.

IL TRADUTTORE

Sac. Petronio Grima

traduzione e pubblicazione, fu gentilmente esibito dagli eredi del fu Arciprete Ricca fra i cui libri fu rinvenuto.

CAPO I.

Della religione de' Taorminesi prima che ricevessero la fede cristiana.

I. Volendo tessere la storia della Chiesa di Taormina, ci sembra conveniente il cominciare da quella falsissima religione, a cui i Taorminesi erano miseramente addetti, prima che ricevessero il santo lume del Vangelo, affinchè profondamente consideriamo da quali orrende tenebre volle chiamarci a tanta luce il Signore. Imperocchè non godevano già i Taorminesi del lume della fede, ma erano immersi nelle tenebre dell'Idolatria, quando a loro rifulse quello astro benefico, che dissipata la tetra caligine dell'errore, sparse fra noi la luce della verità.

II. I Taorminesi adunque, priachè S. Pancrazio avesse co' raggi della fede dissipato le tenebre dell'Idolatria, adoravano molte false divinità. Fra esse la più celebre fu Apollo detto *Arcageta;* e quest'idolo, conosciuto sotto un tal nome, non se lo formarono già dapprima gli abitanti stessi di Taormina, ma lo ricevettero da' Greci fondatori di Nasso. Giacchè, tenendo il governo della Repubblica Calcidese i così detti *Domatori di cavalli,* alcuni fra gli ottimati di essi, che erano forniti di grandi ricchezze, l'anno 2° della V olimpiade, e 7° a··

vanti la fondazione di Roma, capitanati da Teocle, vennero in Sicilia, e a destra di Taormina
fondarono la città di Nasso. E poichè di questa colonia trasportata in Sicilia fu creduto A-
pollo l'autore e la guida, così fuori delle mura
della città, tra i fiumi Onobola ed Asine, detti
oggi *Alcantara* e *Freddo*, distanti l'un dall'altro un miglio, innalzarono un'ara a quel Nume;
e secondo che riferisce Tucidide, antico ed au-
torevole scrittore, in voto del felice passaggio,
il dissero, giusta il costume de' Greci, *Arcageta* (1). Ed in quest'ara, come attestano Appiano e Pausania, celebri scrittori greci, fu posto un piccolo simulacro del dio, fatto di ebano,
e lavorato con arte sopraffina. (2)

III. Però quando da Dionisio il giovane, re
di Siracusa, nella olimpiade CV, l'anno di Roma 392, fu interamente distrutta la città di Nasso, non venne meno il culto dell'*Arcageta*, nè
l'ara fu negletta, nè il simulacro restò privo
di onore : giacchè i Taorminesi , siccome in
grande ospitalità accolsero i fuggitivi di Nasso,
così concepirono della venerazione pel loro Nu-

---

(1) Græcorum autem primi Chalcidenses ex Euboea na-
vigantes cum Theocle Coloniae ductore Naxum condiderunt, et Apollinis Archagetae aram, quae nunc extra urbem extat extruxerunt.—*Tucid. lib. 6.*

(2) Est autem Archagetas Apollinis parva statua, quam
primam dedicarunt Naxii coloni missi in Siciliam.—*App.
De Bello Civ. lib. 5.*—Ejus vero quem Archagetem nuncu-
pant Æginelicis operibus persimile est totumque ebeno
constat.—*Paus. Veter Graec. descript. Lib. 1, Cap. 42.*

me, e l'adottarono anzi a propria divinità. Rimase non pertanto il culto di questo dio nel luogo primitivo, nell'antica ara con la medesima statua, e sotto il medesimo nome : così attesta il sopra citato Appiano Alessandrino, il quale descrivendo la storia di Cesare Augusto, riferisce, che venendo egli in Taormina, e non essendo ricevuto dal presidio de' Pompeiani, prima di espugnare la città con la forza delle armi, valicato il fiume Onobola, approdò al luogo dov'era l'Arcageta, e caldamente lo pregò, perchè gli fosse d'ajuto nel difficile combattimento ch'era per incontrare. (1)

La testimonianza d'Appiano, che riportiamo in piè di pagina, è così chiara, che non può in verun modo escusarsi Tommaso Fazzello, il quale, allegando l'autorità del medesimo Appiano, asserisce, che il tempio dell'Arcageta era dentro la città di Taormina, e che a suo tempo n'esistevano ancora le vestigia. (2) Questo errore, che con poca diligenza seguirono Marco Antonio Martines, (3) Francesco Scor-

(1) Tauromenium vero delatus, praemisit qui deditionem poscerent : et quum praesidiarii se non admitterent, praeternavigato flumine Onobola, et fano Veneris, ad Archagetam appulit precatus Deum, positis ibi castris, oppugnaturus Tauromenium.—*App. Alex. De Bello Civ. lib. 5.*

(2) Aquaeductus etiam veteres conspiciuntur, praeterea non nihil infra urbem vestigia templi Apollinis Archageti, ut ex verbis Appiani Alexandrini licet colligere.—*Fazel. De rebus Siculis Dec. 1, lib. 2, Cap. 5.*

(3) Praeterea non nihil infra civitatem templi Apollinis

so, (1) ed Uberto Goltzio, (2) era stato già prima di noi avvertito e corretto da Filippo Cluverio, il quale espressamente confutò ciò che Fazzello e Goltzio pretendevano desumere da Appiano Alessandrino; (3) ed a lui s'accordò pienamente Sigiberto Avercampo (4) schivando con accuratezza l'errore del Fazzello.

Archageti vestigia, ut ex Appiani Alexandrini verbis colligitur, et sepulchra complura, ac pleraque alia sunt vetustatis indicia.—*Hist. m. s. de situ Siciliae lib. 1, c. 5.*

(1) Aquaeductus item veteres ibi visuntur, et alia demum monumentorum, in primisque Archageti templi vestigia, et sepulchra non pauca. — *In Homilia Teoph. Ceram. proem. 1. § 1.*

(2) Cæterum ut Andromacus Tauromenii conditor se quoque religionis antiquae rationem habere testaretur, Apollinis Archagetae signum a Naso extulisse, templumque ipsi apud Tauromenitanos, (quod etiam numismata ipsorum et symbola et nomina testantur) extruxisse scribitur.—*Histor. Sicil. et Magnae Graeciae lib. 1, Cap. de Tauromenio.*

(3) Erravit igitur jam iterum Fazzellus, Archagetae templum ad ipsam urbem Tauromenium fuisse, ex quibusdam veteris aedificii vestigiis conjiciens. Sed pejus erravit Goltzius Andromacum Tauromenii conditorem, affirmans, Archagetae signum a Naxo extulisse, templumque ipsi apud Tauromenitanos extruxisse..... An potuere Tauromenitani etiam extra novae suae urbis moenia coluisse Archagetam apud Naxi locum ubi ara atque statua ejus, tum Tucididis, tum Augusti, et post hunc etiam Adriani Imperatoris, et Appiani temporibus fuit sita.—*Sicil. antiq. lib. 1, cap. 7.*

(4) Excisa post violentia Dionysii Tyranni Naxo, ara tamen illa et Dei permansit religio : cives enim, qui cladi superfuerant, adfluentibus aliis quoque novorum sedium cupidis, proximum occuparunt collem Taurum dictum, atque ibi condita urbe Tauromenium appellarunt, retento non modo Apollinis Archagetae in pristino loco cultu.— *Commentar. in Philipp. Parutam. Numism. Sicil.*

IV. Quell'Arcageta adunque, che fu, per mezzo dell'oracolo, autore e guida a Teocle del passaggio della colonia de' Calcidesi fra noi, e che da essi approdati in Sicilia, fuori le mura di Nasso, prima città de' Greci nell'isola, si ebbe tempio, ara, e simulacro, è quell'istesso a cui, dopochè Dionisio re de' Siracusani distrusse quella città, prestarono i Taorminesi egual religione e culto; così provasi da moltissime medaglie antiche di eccellente lavoro, parte pubblicate e parte inedite, le quali portano il simbolo, la forma, e il nome dell'istesso Apollo Arcageta. E queste medaglie, in unica collezione raccolte, speriamo che fra poco saran date alla luce da Giuseppe Maria Pancrazi Chierico Regolare Teatino, uomo assai benemerito dello studio della veneranda antichità (1): il perchè onde non sembri che si voglia da noi usurpare la gloria ad altri dovuta, tredici soltanto quì ne produrremo, le quali furono dapprima pubblicate da Filippo Paruta, e poscia da Marco Majero, da Sigiberto Avercampo, e finalmente da Giovanni Giorgio Grevio; aggiungendone alla Tav. II. N. VI. una un po' diversa dalle altre che sta in nostro potere. Da tutte le quali

(1) Il Pancrazi da Cortona, che lunghi anni visse in Sicilia, avea nel 1746 pubblicato un manifesto nel quale promettea di dare alle stampe un'amplissima collezione di medaglie siciliane. Il Digiovanni che in quel tempo scrivea la storia presente, a cui diede compimento nel 1750, aspettava l'opera promessa dal Pancrazi, ma essa non vide mai la luce. *Nota del Traduttore.*

medaglie si fa chiaro quale e quanta sia stata la religione dei Taorminesi verso il loro Arcageta.

V. La prima medaglia di fatto in una parte rappresenta la testa del medesimo Apollo Arcageta, coronata di alloro e con la iscrizione greca ARCHAGETAE, e nell'altra un Minotauro con l'epigrafe parimente greca TAUROMENITAN. I Taorminesi non scrivevano Archagetes, come fecero Tucidide ed Appiano Alessandrino, ma cambiando la lettera *e* in *a* —Archagetas— giusta il dialetto Dorico che usavano; per l'istessa ragione dissero Tauromenitan, che è il genitivo plurale della voce *Tauromenitas* usata dagli abitanti, in luogo della voce *Tauromenites* adoprata da Polisbio (1), Ateneo (2), Luciano (3), Diodoro (4), Suida (5), ed altri moltissimi che scrivevano secondo il dialetto comune. Che poi il Minotauro qui effigiato si riferisca alla forma ed al nome del monte in cui è sita Taormina, ben cel persuade Diodoro Sicolo; il quale, descrivendo il sito di Taormina e l'etimologia del nome, afferma esser così nominata, perchè eretta in un monte che avea nome Tauro. (6)

(1) Fragmentis ex lib. 12.
(2) Lib. 2 et 5.
(3) Tom. 2 Macrob. p. 642.
(4) Bibliot. histor. lib. 16.
(5) In Histor. v. Thimaeus.
(6) Urbemque a mansione circa Taurum nuncuparunt Tauromenium.—*Bibliot. histor. lib. 14.*—A mansione hac in Tauro Tauromenium nuncupavit.—*Ibidem lib. 16.*

VI. La seconda ha la testa di Apollo del tutto simile alla prima, ma senza alcuna iscrizione; dal rovescio poi ha un ingente grappolo con la solita voce *Tauromenitan*. Che questa medaglia alluda all'uva eccellente, ed ai vini molto lodati, prodotti dal caldissimo suolo di Taormina, non è a dubitarne, dopo ciò che della vite Eugenia e de' vini di Taormina, adibiti nei pubblici banchetti e nelle cene trionfali, scrissero Ateneo (1), e Plinio (2).

VII. La terza, quarta, e quinta medaglia offrono una lira, che ben si conviene ad Apollo, il quale rallegra gli Dei e il coro delle Muse. La sesta e la settima rappresentano un Bove, che giusta la testimonianza di Avercampo (3), è simbolo della Colonia Romana trasportata in Taormina. Che di fatti Taormina sia stata in appresso Colonia dei Romani, l'attestano Plinio (4), Tolomeo (5), Solino (6), Marciano Cappella (7) e Diodoro Siculo; il quale ancora asserisce che tal colonia fu trasportata da Cesare Augusto, dopo d'avere trasferito gli abitanti in

(1) Lib. 1.
(2) Lib. 14, Cap. 2 et 6.
)3) Comment. in Philipp. Paruta lib. 104, n. 12 et 20.
(4) Promontorium Drepanum colonia Taurominium, quae antea Naxos.—*Lib. 3, Cap. 8.*
(5) Tauromenium colonia.—*In descript. Sicil.*
(6) Peloritana ora habitatur colonia Tauromenia. —*In Polihistor. Cap. 5 de Sicilia.*
(7) Coloniae in Sicilia quinque, Tauromenium, Catanam, Siracusas, Panormum et Himerenses Thermas.—*Lib. 6 In descript. Siciliae.*

altro luogo (1). Esiste inoltre una medaglia
di Tiberio riguardante la Colonia Taorminese
con questa iscrizione : COL. AUG. TAUROM.,
della quale ragionasi da Uberto Goltzio (2), Giovanni Arduino (3), e Cristoforo Cellario (4).

VIII. Le sette medaglie poi della seconda
Tavola rappresentano un Tripode, all'istesso
Apollo sempremai consecrato, e assai conveniente per la celebrità degli Oracoli. Infatti del nostro Arcageta scrisse Tucidide, che i Greci
quante volte partivano di Sicilia, offerendogli
sacrifizii, ne chiedevano i responsi (5). Giova
ancora in questo luogo opportunamente ripetere ciò che più sopra abbiamo citato intorno
a Cesare Augusto. Questi, volendo espugnare
Taormina, occupata dall'esercito di Sesto Pompeo, fermò prima gli accampamenti davanti il
tempio dell'Arcageta, ed innalzò preghiere al
Nume affin d'impetrare la vittoria (6). E come
soggiunge Svetonio (7), mentre Augusto pre-

(1) Nostra tandem aetate, traslatis per Caesarem a Patria Tauromenitis Romanorum coloniam accepit. — Biblioth. histor. lib. 16.

(2) In suo Thesauro pag. 238.

(3) Num. antiq. popul. et Urb. pag. 488.

(4) Notit. Orbis antiqui lib. 2, Cap. 12.

(5) Naxum condiderunt (Graeci) et Apollinis Archagetae
aram, quae nunc extra urbem extat, extruxerunt, ubi quo-
ties a Sicilia solvunt, oracula petituri primum sacrificant.
—Histor. lib. 6.

(6) Ad Archagetam appulit precatus Deum positis ibi
castris oppugnaturus Tauromenium.—Appian. De Bello
Civil. lib. 5.

(7) In Augusto Caesare l. 96.

gava e passeggiava sul lido, un pesce saltò
fuori dal mare e giacque a' suoi piedi; dal qual
fatto, come attesta Plinio (1), trassero argomento gl'indovini di predire, che i Pompeiani, i quali allora tenevano l'imperio de' mari,
dopo molti conflitti di varia fortuna, si sarebbero finalmente ridotti a' suoi piedi. Del resto
il Tripode con Apollo significa quel seggio a
tre piedi, in cui sedeva Febe, ossia la sacerdotessa di Apollo, allorquando invasata dal Nume
rendeva i suoi oracoli. Così attestano Marco Tullio (2), e Callimaco (3); potendosi aggiungere
sulla testimonianza di Virgilio (4), che il Tripode chiamavasi ancora *Cortina*, quasi che ivi
fosse il cuore del Dio.

IX. I Taorminesi, che amavano d'essere ri-
putati uomini molto religiosi, di pari culto che
l'Arcageta, veneravano altri tre Numi : Falcone, Lissone, e Scamandro; de' quali fa memoria Cerameo Arcivescovo di Taormina nell' e-

(1) Siculo bello, ambulante in litore Augusto, piscis a
mari ad pedes ejus exsiluit; quo argumento vates respon-
dere (Neptunum patrem adoptante sibi Sexto Pompejo,
tanta erat navalis rei gloria) sub pedibus Caesaris futu-
ros, qui maria tempore illo tenerent.—*Lib. 6, Cap. 16.*

(2) Hercules, quem concertavisse cum Apolline de tripode accepimus.—*De Natura Deorum.*

(3) Nondum cura mihi sedes tripodis fuit ante.—*In la-
vacro Dianae.*

(4) Mons circum, et mugire aditis Cortina reclusis.—
Lib. 5. Æneid. v. 92.

Ille autem neque te Phoebi Cortina fefellit.—*Ib. Lib. 6,
v. 347.*

sporre al suo gregge la storia di S. Pancrazio (1). Stimo quindi ben fatto, seguendo l'ordine d'un tal maestro, il parlar prima di Falcone, poi di Lissone, e finalmente di Scamandro.

X. Come e quando siasi introdotto in Taormina il culto e la religione di Falcone, il riferiscono gli Atti greci di S. Pancrazio, che si trovano in Messina fra i codici greci in pergamena, nella Biblioteca del Real Monastero del SS. Salvatore dell'Ordine di S. Basilio. Narrano adunque che nella spiaggia di Taormina vi fu un luogo di delizie, appartenente a Falconilla, donna molto bella e prudente; al qual luogo venuto un giorno per diporto Falcone, figlio di lei, giovine ugualmente che la madre prudente e bellissimo, vi morì d'improvviso, e fu sepolto nel luogo medesimo. Gli abitanti, a far cosa grata alla madre afflittissima, e ad alleviarne alquanto l'inconsolabile dolore, innalzarono nel luogo stesso un tempio, vi eressero la statua del defunto, e presero ad appellarlo il Dio Falcone; ed a lui, crescendo poscia la superstizione degli uomini, immolavano ogni anno tre giovanetti e settantatrè vitelli. Noi sappiamo che nella citata storia di S. Pancrazio si trovano molti errori, i quali non si debbono ascrivere se non

(1) Cumque ad hanc civitatem Tauromenium advenisset, primum omnium a dominationibus Dæmonum cam expurgat, et profana conterit simulacra, ex quibus præcipuo colebantur honore Phalcon, et Lysson, et Scamandrus.—*Homil. 57 in S. Pancrat.*

all'imperizia di qualche scrittore de' tempi posteriori; ma questo racconto però, qualunque esso sia, non ci sembra doversi rigettare, come quello che niuna apparenza ha di falsità, ed è inoltre consono alle più genuine scritture.

XI. Ed infatti non mancano delle prove chiare e sufficienti del culto e della venerazione che si ebbero i Taorminesi per questo dio Falcone. Ciò confermano molte incontrastabili testimonianze della veneranda antichità, e prestantissimi scrittori. E in prima il sullodato Cerameo Arcivescovo di Taormina, e i grandi Codici greci dell'officio proprio di S. Pancrazio dicono d'avere questo Santo abbattuto i simulacri di *Falcone*, di Lissone, e di tutti gli altri demonii (1). Ciò conferma la nuova Antologia de' Greci, che da molti libri di quella Chiesa raccolse Antonino Arcudio da Corfù e diede in luce a Roma per la Tipografia Vaticana, dietro approvazione del Papa Clemente VII, l'anno del Signore 1598; le di cui parole, essendo del tutto somigliantissime alle riferite, non abbiam creduto necessario il trascriverle. Finalmente Gregorio Monaco Bizantino, scrittore del IX secolo, in una orazione che recitò per la festa di S. Pancrazio, dice che il Santo gettò nel mare il simulacro di quest'idolo (2).

(1) Postquam autem in insulam venit, et Phalconis, et Lyssonis, reliquorumque Dæmonum simulacra delevit.— *Ex M. S. Cod. Graeco Biblioth. SS. Salvatoris Messanae.*
(2) Appellatum namque Phalconem cum ejus assessore ..... in profundum pelagus demersit.

XII. Nè deve sembrare strano che i Taorminesi, per maggior sentimento di religione, a-
vessero a sè formato questo Dio, del tutto sconosciuto agli altri popoli; giacchè Tertulliano
asserisce, e con molti esempii il conferma, che
fu costume di tutte le nazioni, quando erano
immerse nell' Idolatria , il crearsi delle Divinità loro proprie (1). E tralasciando gli altrui
tante volte ripetuti esempii, abbiamo noi stessi
nella nostra isola le più chiare prove di questa usanza. Moltissimi infatti furono in Sicilia
gli Dei indigeni, di cui nè anche i soli nomi
conobbero i popoli stranieri : tale fu Butacide,
uomo il più forte de' suoi tempi e bellissimo,
venerato da' Segestani (2) : tale fu Adrano, che
come attesta Plutarco, fu tenuto in grandissimo
onore in tutta la Sicilia, e venerato in parti-
colar modo dagli Adranesi (3); tale il Dio Crissa,
il cui ricchissimo tempio , sito nella via che
conduce ad Enna, tentò Verre di rubar notte-
tempo con l'ajuto di Teopolemo e Gerone, come
nelle sue orazioni ci attesta Marco Tullio (4):
tali finalmente i Palici, detti da Polemone divinità indigene (5). Or dell'istessa maniera po-

(1) Unicuique etiam Provinciæ et civilati suus est Deus,
ut Syriæ Astartes, ut Arabiæ Disarcs, ut Norici Belenus,
ut Africæ Cœlestis, ut Mauritaniæ Reguli sui etc.—Apolog. C. 24.
(2) Herodot. Lib. 5.
(3) Plutar. in Timoleonte.
(4) In Verr. Lib. 4, act. 2.
(5) De admirandis Sicil. fluminibus apud Macrobium
lib. 5.

térono i Taorminesi ammettere il culto e la religione del loro Dio Falcone.

XIII. Il modo inoltre del culto introdotto in onor di Falcone, non è certamente lontano dal vero, o almen dal verisimile. Non fu difatti cosa strana od insolita a' gentili il tener come presenti e venerare i morti, innalzando ad essi de' simulacri; che anzi tanto invalse fra gli antichi tal consuetudine, che come dice la Sacra Scrittura, fu mantenuta da tutti come legge (1).

XIV. Ci resta a parlare del sacrifizio de' giovanetti. Certamente i Taorminesi, stretti da' lacci dell' Idolatria, precipitando sempre di male in peggio, poterono con facilità ammettere questo rito, ferale per certo e detestabile: tanto più che a que' tempi, un popolo il quale offeriva agli Dei tali vittime, che essendo più nobili stimavansi più grate, non era reputato nè crudele nè empio, ma grandemente pio ed umano; e gli stessi Dei de' gentili, siccome erano i demonii nemici dell'uman genere, ben si dilettavano di questi empii riti e sacrifizii; e perchè ingannassero maggiormente gli uomini, davan mostra per essi di più facilmente placarsi, siccome degli Dei Palici sopra mentovati

(1) Acerbo enim luctu dolens pater cito sibi rapti filii fecit imaginem : et illum, qui tunc quasi homo mortuus fuerat, nunc tamquam Deum colere coepit: et constituit inter servos suos sacra et sacrificia. Deinde interveniente tempore, convalescente iniqua consuetudine, hic error tamquam lex custoditus est.—*Sap. XIV. 15.*

ci attesta Plutarco (1). E senza ulteriori inda-
gini, che sia certo avere i Taorminesi ammesso
quest'empio rito, così come gli altri popoli di
Sicilia, ne fa fede S. Giuseppe Innografo ne-
gl'Inni in onore di S. Pancrazio (2).

XV. Non è ben certo d'onde i Taorminesi
avessero appreso questo modo di sacrifizii : lo
appresero forse da' Sanniti, giacchè quegli fra
essi, che vennero in Taormina, secondo la
testimonianza di Alsio (3), e di Pompeo Festo (4), eran dessi proprio che dovevan essere
immolati ad Apollo. Imperocchè essendo il territorio del Sannio afflitto da una grande pesti-
lenza, comandò in sogno Apollo a Stenio Me-
zio, Principe del luogo, che se volesse liberato
il popolo da quel male, dovesse far voto d'im-
molare a lui tutto ciò che si sarebbe generato
nella prossima primavera. Sciolto il voto col
sacrifizio degli animali e con l'oblazione delle
biade, cessò la peste; ma dopo ventisei anni
riapparve più furiosa di prima, onde consultato
Apollo, si ebbero in risposta, che non essendosi immolati gli uomini, il voto non s'era interamente adempiuto, e che quella strage non

---

· (1) Quippe vetustissimi Siculorum Palicos Deos humano
sanguine placabant.—*In Paral.*
  (2) Purpuream sanguine stolam sacram effecisti; fœdum
vero Dæmonum cruorem exsiccasti ... ab Idolorum san-
guinumque execrabili lustratione populos redemisti. —
Hymn. in S. Pancrat. infra edend. Stroph. 19, 22.
  (3) Bell. Cartag. Lib. 1.
  (4) De Lingua Latina.

sarebbe cessata, finchè gli uomini nati in quella primavera non si fossero allontanati dalla patria. E quegli uomini cacciati tosto dal Sannio, passando il Faro vennero in Sicilia, e scelsero per loro abitazione Taormina. Abbiam detto fin qui di Falcone, diciamo ora qualche cosa di Lissone.

XVI. Abbiam veduto di sopra, così per le testimonianze di Cerameo, come pe' libri ecclesiastici de' Greci i quali trattano di Falcone, che i Taorminesi, immersi nell' empia superstizione de' Gentili, prestarono un supremo e divino culto al Dio Lissone. Il medesimo Cerameo, pigliando partito dall' etimologia del nome, convertì ingegnosamente la storia di Lissone in una spiegazione simbolica diretta a formare i costumi del popolo; giacchè, suonando il greco vocabolo *Lyssa* lo stesso che *rabbia*, interpretava il Dio Lissone per quella *rabbiosa concupiscenza degli appetiti, che sono discordanti dalla ragione.* Non così però Gregorio Bizantino, scrittore di quel tempo. Questi nella orazione panegirica, che con stile non disadorno recitò nella festa di S. Pancrazio in Taormina, scrisse più chiaramente di quest' idolo, dicendo che S. Pancrazio lo *gettò nel mare insieme ad un Dragone grandissimo, del quale a guisa di vestimento era succinto, ed a cui parimente s' offrivano de' sacrifizii* (1).

(1) Lyssone cum Dracone maximo, quo instar vestimenti

XVII. Il Bizantino dice che questo Dragone era grandissimo; e niuno al certo vorrà dubitarne, sapendosi da Dione (1), Plinio (2), Strabone (3), e da altri greci scrittori, d'avere esistito serpenti di meravigliosa grandezza. Narra inoltre Gregorio, che questo Dragone consumava le oblazioni a lui fatte, il che è certissimo che ben si conviene a que' mostruosi tempi. Solevano infatti comunemente i Gentili venerare con varie ceremonie, ed anche alimentare ne' tempii i serpenti : ciò attestano gli Atti di S. Arsacio di Nicomedia presso Sozomeno (4), la Storia di S. Ilarione presso S. Girolamo (5), la vita di S. Donato in Epiro presso lo stesso Sozomeno (6), la Storia di S. Teodoro presso il Metafraste (7), la Storia di S. Crescentino Martire presso l'autore della sua vita (8), e per non più prolungarci, gli Atti di S. Pellegrino di Caltabellotta in Sicilia presso i Bollandisti (9).

XVIII. È incerto frattanto se Giove, Bacco, o Esculapio sia stato venerato da' Taorminesi sotto il nome di Lissone : nè l'istesso nome

accinctus erat cujusque ad sacrificia sumptus faciebat in profundum pelagus demersit.
(1) In Aug. Lib. 50.
(2) Lib. 8. Cap. 11 et 14.
(3) Lib. 16.
(4) Histor. Eccles. Lib. 5. Cap. 25.
(5) In vita S. Hilarionis.
(6) Lib. 7. Cap. 35.
(7) In ejus vita.
(8) Vita S. Crescentini Martyris.
(9) Acta Sanctor. in addit. ad diem 30 Januar.

dell'idolo, il culto, o il tortuoso avviticchiamento del serpe sul corpo di lui, si possono certamente definire. Si sa da Giulio Polluce (1), che i Gentili solean dare il soprannome di *Lissei* a tutti quegl' Iddii, per l'ajuto de' quali eran persuasi che qualche male veniva da essi allontanato : così molti esempii della veneranda antichità, che son chiari presso i poeti e gli storici, ci attestano che Giove, Bacco, e tutte le altre Divinità, che si credeano apportatrici di salute, venivan significate con tal soprannome. Che poi i dragoni, con simigliante o dispari religione, fossero dedicati a Giove, a Bacco, ad Esculapio, ben chiaramente ce l'attestano le istorie. Adriano infatti, come riferisce Dione (1), dedicò a Giove Olimpico, e pose nel magnifico tempio che costrusse in Atene, un dragone che avea portato dall'India ; Plutarco narra di un dragone dedicato a Bacco (2); nè mancano al certo monumenti che ciò stesso attestano di Esculapio : ne han molti gli eruditi, e ne' geroglifici degli Egiziani, e nelle iscrizioni in marmo de' Greci, e nelle medaglie di bronzo, d'argento, e d'oro de' Romani.

XIX. Ciò non ostante noi portiamo opinione, che il Lissone de' Taorminesi non fosse Giove, molto meno Esculapio o altra divinità benefica, ma piuttosto Bacco : ciò rileviamo da quell'an-

(1) Onomast.
(2) In Adriano.
(3) In Pobl. Symp. Lib. 7. Cap. 10.

tica medaglia di Taormina, che dopo Guglielmo
Moal, pubblicò Ottavio Gaetano(1). Nell'una parte
di essa si vede lo stesso Bacco coronato di ellera con la greca iscrizione —*Lissone*— e dal
rovescio tre Baccanti che si tengono per le mani, con sotto l'iscrizione *Dono di Dionisio*. Che
Dionisio coronato di ellera sia lo stesso che Bacco, chiaramente lo addimostrano Orfeo(2), Non-
no(3), Ateneo(4), Marco Tullio(5), ed Omero(6);
e che quelle tre donne siano le sacerdotesse di
Bacco, niuno ne dubita, sapendosi da tutti, che
i sacerdoti di Bacco per lo più furon femmine,
le quali per la loro insania furon dette Menadi,
per l'impeto e furore Tiadi, per la intemperanza e corruzione de' costumi Bacche, e per l'i-
mitazione dello stesso Bacco, Mimalloni (7). Di
queste donne molte ne enumera Strabone (8);
e Pausania (9) fa menzione di un simulacro in
avorio di Lisso Bacco presso i Saraceni, intorno
al quale erano le Baccanti in candido marmo.
Che cosa poi volessero significare le quattro
lettere Λ. O. Π. Λ., che intorno a quelle donne

(1) Tom. I. Ss. Sicul. animadv. ad vitam S. Pancrat.
sub num. 5 et in fine Isag. ad hist. Sicul. N. 12.
(2) Hymno in Sebatium Dionysium.
(3) In Dionyssaicis.
(4) Lib. 3.
(5) De Natura Deorum.
(6) Hymn. in Bacchum.
(7) Natal. Comit. Mytholog. Lib. 5. Cap. 1 de Baccho
(8) Lib. 10.
(9) In Chorintiacis.

si leggono nella medaglia, non è facile a comprendersi. Ma se vogliamo interpretare, o piuttosto indovinare, le tre lettere Α. Ο. Α. sembrano essere le iniziali del nome di ciascuna donna, e la lettera π il principio della greca voce *putezete;* giacchè si trovano presso Raffaele Fabrezio (1) nel fondo d'una patera tre bellissime donne, Gelasia, Lecori, e Comàsia, abbracciate insieme, e con simil voce *putezete,* cui l'autore fa derivare da' verbi *Pirco* e *Zao,* e che traduce in queste : *Bevete* e *vivete.*

XX. Produciamo qui un'altra medaglia (Tav. 11 N. 11.) dalla collezione di Filippo Paruta, e terza fra le Taorminesi. Da una parte rappresenta la testa di Bacco ornata di ellera, ma senza alcuna iscrizione, e dall'altra quasi un soldato appoggiato all'asta con un cane a' piedi; il quale può riferirsi a Diana a cagion del cane e l'abito succinto da cacciatrice, o all'istesso Bacco spesso nelle medaglie rappresentato in abito donnesco e con un bariletto, come avverte lo eruditissimo Sigiberto Avercampo ne' suoi commentarii a Filippo Paruta (2).

XXI. Sembra assolutamente certo che i Taorminesi, come dell'Arcageta, così avessero ricevuto il culto di Bacco da' profughi di Nasso. Che di fatti abbiano i popoli di Nasso con somma religione venerato Bacco, costa chiaramente

(1) Inscription. antiqu. Domus suae Cap. 7.
(2) Tab. 103. N. 3.

dalle loro medaglie pubblicate da Filippo Paruta (1), alle quali può aggiungersene un'altra
d'argento, e più di tutte preziosa ed eccellente,
che dall'originale esistente presso di noi, come
dall'edizione di Begero nel suo Teatro Brande-
burgico (2) riportiamo nella Tav. III. N. 3.

XXII. Nè senza un prudente consiglio giusta le condizioni di quei tempi, i Taorminesi
adottarono Bacco a loro Dio, giacchè l'agro
Taorminese soleva produrre uva e vino di meravigliosa eccellenza, come trattando di Apollo
Arcageta abbiam detto (3); e a' Romani così pia-
ceva il vino di Taormina, che di esso usavano
nelle cene pubbliche e trionfali.

XXIII. Resta ora a dire del luogo in cui Lissone abbia avuto la sua sede e ricevuto i sacrifizii. Gli Atti di S. Pancrazio manoscritti sopracitati, di qualunque fede essi siano, nell'indice degli Dei, portano queste parole: *Lysson
in tetraippo*. Il Gaetano (4), spiega la parola
tetraippo per tempio rotondo; però chiunque
sia appena iniziato nella lingua greca, fuor di
ogni dubbio la spiegherà per *Quadriga di cavalli*; e ciò dà a conoscere che forse il tempio di Lissone era costruito in luogo che era
adatto alle quadrighe, e che chiamavasi così,
per la stessa ragione per cui in Costantinopoli

---

(1) Numism. Sicil. Tab. 78.
(2) Tom. 2.
(3) Plin. lib. 14. cap. 2 et 6. Àthænæus lib. 1.
(4) Tom. I. Ss. Siculor. in vita S. Pancrat. pag. 8. N. 5.

quella via nella quale si facevano le corse dei cavalli era detta *Ippodromo*. E certo non era insolito presso i Gentili, come ne fa certa fede Tertulliano (1), il farsi degli Dei tutelari, e metterli ancora nelle stalle.

XXIV. Tra gli Dei di Taormina enumerati dal nostro eloquentissimo e sapientissimo Arcivescovo Cerameo, si pone in ultimo luogo Scamandro, il cui nome spiega egli, secondo il solito, allegoricamente per la *forza irascibile*(2). Ed aggiunge d'avere appreso la notizia di quest'idolo da quella storia di S. Pancrazio, certamente allora sincera e genuina, che scrisse Evagrio. La storia di Evagrio che oggi esiste, piena di molti e gravissimi errori, non è al certo di tanto peso, che su di essa possano interamente acquietarsi gli eruditi; giova nondimeno in mancanza d'altra scrittura più sincera, il riferire ciò che ne dice di questo Scamandro; giacchè possono ancora ne' libri apocrifi molte cose vere rinvenirsi, delle quali non debbonsi privare gli amatori della veneranda antichità. Questa storia adunque, com'è nel Breviario Gallicano di cui per molto tempo si servì la Sicilia, ne dice, che invitato S. Pan-

(1) Vos tamen non negabitis, et jumenta omnia, et totos cantherios cum sua Ippona coli a vobis... Coeterum et platea et forum, et balneae et stabula, et ipsae domus vestrae sine Idolis non sunt.—*Apolog. Cap. 16.*

(2) Scamandrus vero vis irascibilis, quae veluti cavea et lucta virilis est fortitudinis.—*Homil. in S. Pancrat. inter editas a Scorso 57.*

crazio a tavola dal Procuratore di città, non volle pigliar nessuno di que' cibi immondi, ma stava fisso nella contemplazione di Gesù Cristo. I commensali però facevano de' balli diabolici e adoravano il loro idolo Scamandro. S. Pancrazio allora col segno della Croce fece in pezzi l'idolo, e que' profani vedendo il loro Dio abbattuto, presero il Santo Vescovo, lo trascinarono pel pavimento in una fossa, ed alcuni con punte di spada, altri con pietre, ed altri con legna percuotendolo, l'uccisero, mentre diceva le parole; *In manus tuas Domine commendo spiritum meum* (1).

XXV. La citata storia di S. Pancrazio, che va sotto il nome di Evagrio, nell'indice degli Dei, riferisce che insieme a Scamandro, fu da' Taorminesi venerata *Dia*. Che i gentili abbiano avuta una divinità nominata così, cel riferisce Strabone (2); essa da Omero vien detta *Ebe* (3), ma Marco Tullio (4), e Tito Livio (5) la chiamano *Gioventù*; per la ragione specialmente, che gli antichi, ingannati dalla superstizione, attribuivano a questa divinità tanta virtù, che non solo potesse conferire buona salute e robustezza, ma rinnovare ancora e ringiovanire l'uomo arrivato all'estrema vecchiaja. Onde

(1) Die IX Julii in offic. S. Pancrat.
(2) Lib. 8.
(3) Odiss. Lib. 11, et Iliad. Lib. 4.
(4) De natura Deorum Lib. 1.
(5) Decad. 1. Lib. 5. Cap. 30.

Ovidio, cantando elegantemente di Jolao restituito alla giovinezza, disse che tal dono ricevette da Ebe figlia di Giunone (1).

XXVI. Non contenti di queste false divinità
i Taorminesi adorarono dippiù altri Numi : Giove, Cerere, Diana, Minerva, Proserpina, e Venere. E in prima, che Giove abbia avuto culto
e venerazione in Taormina, chiaramente lo dimostra un'antica medaglia pubblicata da Filippo Paruta, e che noi riportiamo sotto il N. IV.
nella Tav. III. (2) Dall'una parte di essa vedesi
la testa del medesimo Giove coronata di ulivo,
senza alcuna iscrizione, e dall'altra un' aquila
con le ali spiegate che stringe fra gli artigli i
fulmini, e vicino ad essa tre lunghe verghe con
la solita iscrizione TAUROMENITAN. Si sa che
l'aquila col fulmine fu simbolo esclusivo di Giove padre degli Dei, al quale, dicesi, che i Ci-
clopi ministri di Vulcano avessero fabbricato i
fulmini nell'Etna, altissimo monte di Sicilia (3).
Il che spiega per qual ragione Giove avesse il
soprannome di Etneo, e sotto questo conosciu-
tissimo nome si avesse tempii ed are in tutta
la Sicilia (4). Le tre verghe poi significano che
l'autore della medaglia occupò per tre volte la
suprema dignità (5).

(1) Hoc illi dederat Junonia muneris Hebe.
(2) Numism. Sicul. Tab. 103, N. 6.
(3) M. Tull. De Divin.
(4) Freinsemius in suppl. ad Civ. Lib. 56.
(5) Majerus et Havercampus in Comment. ad Parutam.

XXVII. Dapprima era lecito a tutti l'entrare nel tempio dedicato a Giove in Taormina; ma dopo la guerra servile, combattuta specialmente in Enna e in Taormina (1), per decreto del Senato e del Popolo Romano fu interdetto a quelli a cui, giusta le antiche usanze, non era permesso il fare pubblici e solenni sacrifizii. Stimavano infatti i Romani, ch'essi avessero avuto in Sicilia, e per cagion della Sicilia, quell'atroce guerra, perchè le are di Giove Etneo non ben religiosamente custodite, fossero state violate da' fuggitivi e da' barbari; laonde temendo l'ira degli Dei, mandarono, giusta gli oracoli delle Sibille, alcuni del Collegio de' Decemviri in Sicilia, affinchè, dopo avere offerto de' sacrifizii a Giove Etneo, ne chiudessero con cinte di muri le are, permettendone l'ingresso a quelli soltanto, che seguendo l'antica religione solevano con religioso culto venerare quel Nume (2).

XXVIII. Dopo Giove viene Cerere, la quale altri credono che sia stata Pallade, altri la Terra, altri la Luna, e la maggior parte Iside. Del

(1) Diodorus Siculus ex lib. 34. Eclog. 2. Valer. Max. lib. 2. de Marcello et P. Rupilio Strabo Lib. 6.

(2) Senatus iram Deorum veritus, consultis libris Sybillinis, legatos ex Collegio Decemvirali in Siciliam mittendos censuit. Hi universam Siciliam obeuntes aras Jovi Ætneo positas certis coeremoniis et sacrificiis, consecrarunt, additaque macerie intercluserunt, præterquam iis, qui ex singulis civitatibus patria sacra more majorum ad eas aras factitare solebant.—*Diod. Sicul. Biblioth. Histor. Lib. 34.*

culto di questa divinità presso i Taorminesi dà testimonianza Filippo Paruta, eruditamente spiegando un' artificiosa medaglia, che è tra le Taorminesi la XIII, e la di cui spiegazione segue fedelmente Marco Majero nelle sue edizioni del Paruta. Al capo di Cerere è sovrapposta, secondo il costume Egiziano una cestella propria da portare frutti, per la ragion forse, che quella Iside che gli Egiziani venerarono come inventrice delle biade, i Siciliani l'adoravano sotto il nome e la forma di Cerere. Dal rovescio della medaglia, com'è a vedere nella nostra Tav. III. N. V. si rappresentano un Minotauro che guarda indietro, e al disopra un volto raggiante. Perchè questa medaglia non porta alcun segno proprio di Cerere, non corona di spighe, non reste, non papaveri, e perchè non contiene iscrizione di Taormina, ha creduto Sigiberto Avercampo (1) che non appartenesse nè a questa Dea nè a questa città, ma piuttosto alla Diana di Siracusa. Stimiamo però che le ragioni che hanno indotto Avercampo ad attribuirla alla Diana di Siracusa, siano più deboli e mal ferme di quelle che assistono il Paruta e il Majero.nell'ascriverla alla Cerere di Taormina. Basti per ora questa breve avvertenza, sperando di trattar diffusamente in altro luogo del medesimo argomento.

XXIX. Nel nuovo Tesoro delle antiche Iscri-

(1) Commentar. in Philippum Parutam Tab. 194. N. 13.

zioni dell'eruditissimo Ludovico Antonio Muratori, fra quelle da aggiungersi alla prima classe sugli Dei degli antichi, fu pubblicata la seguente iscrizione in greco consacrata alle Dee pudiche (1).

DEABUS
PUDICIS
GRATI ANIMI
DONUM
AMALIUS
HERMES
RHECTAS

Noi siamo convinti che per Dee pudiche debbonsi intendere Proserpina, Minerva, e Diana. Tutta l'antichità infatti ci attesta che queste Dee serbarono la verginità e la pudicizia; così Omero (2) chiama Diana « una Vergine che si diletta di frecce ». Con l'istesso elogio vien celebrata Proserpina, che Orazio chiama *Casta* (3); con l'istessa lode Minerva che Omero appella *Vergine verecouda* (4); al quale debbesi aggiungere Virgilio che parimente la dice *Vergine* (5). Il culto religioso de' Taorminesi per Minerva è inoltre confermato da una medaglia, che fra le pubblicate da Filippo Paruta è la VII,

(1) Tom. 4, column. 1981, N. 11.
(2) Hymn. 1, in Dianam vers. 2.
(3) Carm. Ode 13, 5.
(4) Hymn. 2, in Minervam vers. 2.
(5) Pars stupet innuptæ donum exiliale Minervæ--*Æneid.*
Lib. 2.

ma nella nostra III. Tavola la VI; e senza bisogno di altre prove, è certo il culto prestato ugualmente da' Siciliani alle tre Dee stimate vergini per la testimonianza di Diodoro Siculo (1). E questa nostra interpretazione venne approvata dal non mai abbastanza lodato Ludovico Antonio Muratori nella sua nota alla predetta iscrizione (2).

XXX. Ci resta a dire finalmente di Venere. Appiano Alessandrino, descrivendo la storia di Cesare Augusto, non ammesso da' Taorminesi che seguivano le parti di Sesto Pompeo, chiaramente dimostra che il tempio di questa Dea era eretto alla destra riva del fiume di Taormina Onobola, e non lungi dall'ara di Apollo Arcageta (3). Questo tempio perchè era nell'area dell'antica Nasso, o certo non molto lontano da essa, sembra che sia stato edificato dagli abitanti di questa città; e che dopo la loro caduta, i Taorminesi ne avessero assunto il culto con quell'istessa religione, con cui avevano adottato l'altro loro Dio Arcageta.

XXXI. Fu certamente celebre appresso i po-

(1) Biblioth. Hist. Lib. 5.

(2) Deabus pudicis idest Proserpinæ, Minervæ, et Dianæ quæ apud Siculos præsertim ubi virginitatis studio dicatæ colebantur, Diodoro teste lib. V. *Cit. N. 4. Col. 1981. N. 11.*

(3) Tauromenium delatus Cæsar, præmisit qui deditionem poscerent, quum vero præsidiarii eum non admitterent, præternavigato flumine Onobola, et Veneris fano ad Archagetam appulit.—*De Bello Civil. lib. 5.*

poli di Nasso questa Divinità, siccome il culto che le si prestava, turpe e disonesto, degno d'un tal nume. Così si apprende da un antico adagio nell'*Appendice Vaticana* de' Proverbii, pubblicata dall'erudito Andrea Scotto, e corretta da Filippo Cluverio (1). È incerto poi se i Taorminesi con l'istesso infame culto, che i popoli di Nasso, avessero onorato questa Dea; ma ciò sembra accennarsi in una loro antica medaglia messa in luce da Filippo Paruta sotto il N. VIII, da noi nella Tav. III. N. VII. e in questo senso spiegata dall'eruditissimo Sigiberto Avercampo (2). Del resto a riguardo della stessa Venere, v'ha una medaglia di Taormina, XIV fra le pubblicate dal medesimo Paruta, nella quale da un lato vedesi una testa di donna lascivamente acconciata, che tiene davanti a sè una civetta, com'è nelle medaglie di Minerva, e dall'altro lato un Bove, che è il segno rappresentativo della colonia di Taormina, come rilevasi dalla predetta Tavola III. al N. VIII.

---

(1) Sicil. antiq. Lib. 1. Cap. 7. Ci saranno indulgenti gli onesti ed intelligenti lettori se in questo luogo abbiamo compendiato piuttosto che tradotto quanto l'autore, allegando le testimonianze dello Scotto, del Cluverio, e del Suida scrive sull'infame culto prestato da' popoli di Nasso a questa divinità. Ciò che era passabile scrivendosi a' dotti e nel'a lingua de' dotti, non sarebbe tollerabile nella lingua volgare che è diretta alla comune de' lettori. *Nota del Traduttore.*

(2) Commentar. in Philippum Parutam Tab. 103. N. 8.

CAPO II.

Di S. Pancrazio primo fondatore della Chiesa di Taormina.

I. Non era ancor venuto alcun campione della cristiana milizia ad abbattere l'impero dell'Idolatria in Occidente, e già uomini apostolici con felici auspicii aveano così stabilmente fondata la Chiesa di Sicilia, che dessa da quel punto, benchè vessata e atterrita da crudeli persecuzioni, non mai venne meno alla fede cristiana: Di questi uomini apostolici, che meritarono essere i primi fra i Vescovi delle contrade occidentali, uno fu S. Pancrazio, fondatore primario della Chiesa di Taormina.

II. Ben comprendendo il Principe degli Apostoli S. Pietro i vaticinii e le divine promesse, con cui il Signore avea predetto per mezzo di Isaja (1), che si sarebbero mandati de' duci nell'Italia e nelle isole lontane, affinchè quelli, ai quali non era stato concesso di vedere la gloria di Dio, fossero guidati alla cognizione della verità, investì del carattere episcopale S. Pancrazio, che vivea con lui in Antiochia, e che era stato da lui convertito alla fede, o convertito dall'istesso Gesù, era stato da lui confer-

(1) Isa. LXVI.

mato. Era questi un uomo eminente nella prudenza, nella pietà, nella carità, nella mansuetudine, nella dottrina, e in tutte quelle altre virtù che convengono ad un Vescovo; e S. Pietro innalzatolo a tale dignità, lo mandò in Sicilia, immersa allora ne' vani errori de' gentili, acciocchè qual mattutina stella, dissipate le tenebre dell' Idolatria, precedesse nell' Occidente quello splendido lume di evangelica verità, che poscia più abbondantemente e più chiaramente era per apportarvi egli stesso dopo la conversione dell' Oriente.

III. S. Pancrazio affin di adempiere sollecitamente la ricevuta missione di disseminare la Fede Cristiana, montò subitamente un naviglio, e acceso com'era dell'ardentissimo fuoco della carità, cominciò dal convertire i nocchieri alla cognizione del Vangelo; e poscia approdato in Taormina, null'altro ebbe più a cuore, che abbattere i simulacri degl'idoli, sottomettere allo impero di Gesù Cristo il prefetto della città con tutti i cittadini, e convertire l'antica superstizione de' Siciliani nella vera religione dello altissimo Iddio. Confermò con le parole e con l'esempio il novello gregge di Cristo, operando strepitosi miracoli lo stabilì nella fede, e consumato un glorioso martirio, lo rese solido, fermo, e costante. Questi fatti vengono attestati dalle concordi testimonianze della Chiesa, così greca come latina, e da scrittori non pochi della più remota antichità.

IV. E per cominciare dalla Chiesa latina, il celebre Martirologio di S. Girolamo, che è primo e principalissimo fra tutti, onora con degne lodi la memoria di S. Pancrazio, siccome può conoscersi dagli antichissimi esemplari del Martirologio medesimo: i quali tutti volentieri qui trascriverei, se non bastasse il solo Corbiese messo in luce da Luca Dacherio (1); il quale perchè fu scritto non molto dopo il tempo di S. Girolamo, ma certo, come attesta Errico Valerio (2), molto innanzi il Pontificato di S. Gregorio Magno, supera tutti gli altri per merito di antichità. In esso si fa memoria di S. Pancrazio sotto il giorno 3 d'Aprile con queste parole: *Apud Tauromenium in Sicilia natalis Sancti Pancratii*. E certamente che il culto di S. Pancrazio era in quel tempo largamente diffuso, il dimostrano le moltissime Chiese dedicate a questo Santo in Sicilia, come può apprendersi dalle Epistole del medesimo S. Gregorio Magno trascritte nel nostro Codice Diplomatico (3).

(1) Spicil. veter. Script. tom. 4, pag. 617 e seg.
(2) Dissert. de Martyrol. Rom. edit. ad calcem histor. eccles. Eusebii.
(3) Tom. I. Diplom. 80, et 209. Son conosciute le vicende di quest'opera colossale del nostro autore, e come per le gare letterarie e municipali tra lui e il Mongitore, che credeva in quell'opera offeso l'onore di Palermo e dell'intera Sicilia, il Di Giovanni si astenne dal pubblicare i tre seguenti volumi che con sommo dolore di tutti si sono smarriti. *Nota del Traduttore.*

V. Fra gli scrittori di Martirologii, dopo S. Girolamo tiene il primo posto il Venerabile Beda, quantunque cordati critici del nostro tempo unanimemente affermino che il Martirologio che trovasi fra le sue opere non sia di lui, ma di altro antico scrittore. In questo monumento dell'antichità, chiunque sia quegli che si nasconde sotto il nome di Beda, si fa memoria di S. Pancrazio con queste parole: *Apud Tauromenium Siciliæ Sancti Pancratii* (1).

VI. A Beda si deve aggiungere immediatamente Usuardo, scrittore del IX secolo, il quale dolente della brevità de' Martirologii prima scritti, ne compilò un altro sugli autentici monumenti delle varie Chiese, più ornato e più ricco. Molti e varianti sono gli esemplari del Martirologio d'Usuardo, così stampati come manoscritti; fra i quali sembra genuino e più sincero quello che espurgato dalle aggiunte, corretto dagli errori, ed arricchito di quotidiane osservazioni, mise fuori il continuatore del Bollando Giovan Battista Sollerio (2). In esso al 3 d'aprile si legge: *Apud Tauromenium Siciliæ Beati Pancratii.*

VII. Siegue il Martirologio di Adone. Due sono i Vescovi di questo nome: uno Viennese che nel IX secolo illustrò la Chiesa co' suoi scritti, l'altro Trevirese, che visse circa la metà

---

(1) Tom. 3 in Martyrolog. die 3 Aprilis.
(2) Acta Sanctor. Mensis Junii tom. 6 et 7.

dell'XI a tempo di Gregorio Papa VII; e questa è la ragione per cui nel definire qual de' due sia stato lo scrittore del Martirologio, molto fra loro dissentono gli autori. Questo Martirologio, di qualunque de' due Adoni egli sia, dopo che da altri, più elegantemente e più correttamente fu dato in luce dall'eruditissimo Domenico Georgio; ed in esso al citato giorno 3 di Aprile si leggono le parole : *Apud Tauromi-nium Siciliae Sancti Pancratii.*

VIII. Viene ora il Martirologio di Notkero, ossia Notgero, monaco di S. Gallo, il quale fiorì sulla fine del IX secolo ed al principio del X. In questo monumento della veneranda antichità, messo in luce da Errico Canisio, sotto l'istesso giorno 3 d'Aprile si trovano le parole: *Apud Taurominium Siciliae Sancti Pan-cratii.*

IX. Si aggiunge il Martirologio di Giovanni Molano, Teologo dell' Accademia di Lovanio peritissimo della Storia Ecclesiastica, stampato sotto il nome di Martirologio Romano ; nel quale sotto il medesimo giorno 3 d'Aprile si legge: *Presso Taormina di Sicilia la morte del B. Pancrazio Vescovo, ucciso dal gentile Arcagano, la di cui vita scrisse Evagrio suo discepolo* (1).

---

(1) Apud Taurominium Siciliæ depositio Beati Pancratii Episcopi ab Archagano pagano interfecti, cujus vitam scripsit Evagrius ejus discipulus.

X. Non molto dopo, sotto gli auspicii di Gregorio XIII Pontefice Massimo, venne in luce un altro Martirologio Romano composto da Pietro Galesino; e questo sotto il medesimo giorno 3 d'Aprile celebra con più elegante elogio la sacra memoria di S. Pancrazio con le seguenti parole: *Presso Taormina di Sicilia* (la festa) *di S. Pancrazio. Questi, discepolo del B. Pietro Principe degli Apostoli, e Vescovo di quella città, con nobile martirio, qual egregio campione di Cristo, vien cinto della celeste corona* (1).

XI. Resta a dire del Martirologio del Cardinale Cesare Baronio, il quale, stimando quasi nulla al confronto tutti gli altri, comandò la Chiesa Romana che si leggesse ogni giorno in tutto l' Orbe Cattolico. E questo nel citato giorno 3 d'Aprile onora la memoria di S. Pancrazio col seguente nobile elogio: *In Taormina di Sicilia* (la festa) *di S. Pancrazio Vescovo, il quale col sangue del martirio confermò il Vangelo di Gesù Cristo che colà mandato da S. Pietro avea predicato* (2).
Adunque dal primo all'ultimo, cioè dal Marti-

(1) Sancti Pancratii apud Tauromenium Siciliæ. Hic Beati Petri Apostolorum Principis discipulus, illius Civitatis Episcopus, nobili fidei certamine egregius Christi miles cœlesti corona donatur.

(2) Tauromenii in Sicilia Sancti Pancratii Episcopi, qui Christi Evangelium, quod a S. Petro illuc missus, prædicaverat martyrii sanguine consignavit.

rologio di S. Girolamo sino a quello del Baronio, la memoria di S. Pancrazio viene per costante tradizione annotata ne' fasti della Chiesa Latina. Vediamo ora come l'istesso sia avvenuto negli ecclesiastici libri della Chiesa Greca.

XII. Non vi fu negli andati tempi, e non v'è anche oggi alcuna Chiesa de' Greci, nella quale non si fosse professata e non si professi somma venerazione pel nostro Vescovo S. Pancrazio. Di fatto gl'Italo-Greci, che aborrendo lo scisma sono uniti al Romano Pontefice, seguono lodevolmente questa tradizione, come ci addimostrano tutti i loro libri destinati alla celebrazione de' divini officii, e ad innalzare lodi e preghiere a Dio; e specialmente l'*Orilogio*, l'*Orologico* ed il *Liturgico*, i quali con l'autorizzazione Apostolica furono pubblicati in Roma: il primo l'anno 1598, il secondo l'anno 1677, ed il terzo l'anno 1683. Gli ultimi due contengono una doppia orazione propria per l'istesso S. Pancrazio, delle quali l'una che dicesi *Troparium*, ha luogo nella Messa ed in tutto l'officio del giorno; l'altra detta *Contacium* si recita, giusta il costume de' Greci, dopo l'Ode sesta: ambedue, per comune comodità riportiamo quì tradotte.

Il *Troparium* dice: *Illuminato dall'istesso Signore, tu con lieto animo seguisti Pietro. Egli ti mandò nella città di Taormina, e per te, o Santo Martire Pancrazio, la Sicilia venne illuminata; prega dunque per noi il Signore* (1). Il *Contacium* poi dice: *Le dolcissime tue parole, o Pancrazio grande Apostolo de' Gerarchi, coadjuvate dalla grazia divina, illuminarono tutti i popoli dell' Occidente, predicando eloquentemente la fede della Trinità e dissipando ogni nebbia dell'Idolatria, per lo che prega sempre per noi il Signore* (2).

XIII. L'*Orilogio* poi, che chiamasi ancora Antologio di Arcudio, offre la vita del medesimo Santo elegantemente compendiata da una storia più lunga; e di essa tradotta in latino si servono i Taorminesi, per indulto di Clemente Papa XI, nella quarta lezione dell'ecclesiastico ufficio del medesimo S. Pancrazio. Questo compendio è così concepito: — « Il giorno « ix di Luglio —(Festa) del Santo Martire Pan- « crazio Vescovo di Taormina in Sicilia. Pan- « crazio era d' origine Antiocheno. Convertito « da Pietro Apostolo alla fede di Cristo, fu « da lui ordinato Vescovo di Taormina. Tro-

(1) Ab ipso Domino illuminatus, Petrum hilariter secutus es. Ad Tauromenii urbem te emittit, et per te Sicilia illuminatur, Hero-Martyr Pancratii; iccirco pro nobis Dominum deprecare.

(2) Suavissima modulantis tuæ linguæ carmina, divinis illustrata jaculis, omnes, qui in Occidente erant illuminarunt, Pancrati, prædicans diserte Trinitatis fidem, omnemque Idolorum nebulam auferens Hierarcharum Apostole Maxime: quapropter Domino pro nobis indesinenter supplica.

« vati i nocchieri Romillo e Licaonide, prese
« una nave siciliana ; e gli stessi nocchieri
« primieramente convertì alla fede. Dopochè
« venne nell' Isola, ed abbattè i simulacri di
« Falcone, di Lissone e degli altri Demonii ,
« fece che Bonifacio , Prefetto del luogo , si
« convertisse a Gesù Cristo, ed edificasse una
« Chiesa. Questo Santo che sanava ogni morbo,
« che convertiva a Dio e battezzava gran mol-
« titudine di gente, mentre Bonifacio trovavasi
« lontano, fu ucciso da' Montanari (1).

XIV. I Greco-Russi, che distratti dall' obbedienza alla Romana Sede, seguono gli errori
degli Scismatici , sebbene nella recita delle
preghiere non siano gran fatto conformi agli
Italiani, pure ad essi pienamente s'accordano
nel celebrare le lodi di S. Pancrazio , come
puossi conoscere dal Menologio Greco-Mosco-
vita, che primamente pubblicò in lingua latina

(1) Die IX Julii — Sancti Hiero-Martyris Pancratii Episcopi Turomeniæ in Sicilia. Pancratius erat Antiochenus
genere. A Petro vero Apostolo ad fidem in Christum du-
citur a quo et Tauromenii Episcopus est ordinatus. Re-
millum et Licaonidem naucleros nactus, siculorum navem
sumit, illosque primum ad fidem in Christum convertit.
Postquam autem in Insulam venit, et Phalconis et Lyssonis, reliquorumque Dæmonum simulacra delevit, effe-
citque, ut Bonifacius loci illius præfectus Christo crede-
ret, Ecclesiamque ædificaret. Omnem Sanctus iste languo-
rem sanans, magnamque Deo multitudinem aggregans,
et per Sanctum Baptisma initians , quum Bonifacius a-
besset a Montanis interficitur.

Antonio Possevino (1), e poi in greco ed in latino, con le immagini de' Santi a forma di Archetipo e con erudite annotazioni, il continuatore del Bollando Daniele Papebrochio (2). In esso al giorno 9 di Luglio si rappresenta la immagine del nostro S. Martire Pancrazio con una elegante iscrizione.

XV. E per non dilungarci nel passare a rassegna tutte quante le Chiese de' Greci, facciamo menzione soltanto della Costantinopolitana, che fu largamente diffusa in tutto l'Orbe Cristiano; giacchè, secondo attesta Nilo Doxopatrio (3), sessanta Metropolitani, che avevano seicento sessant' otto Vescovi suffraganei, e dippiù trentaquattro Arcivescovi, erano un tempo ad essa soggetti. E certamente, che per tutto il Patriarcato di Costantinopoli si celebra, e si onora solennemente la memoria di S. Pancrazio sotto il giorno 9 di Luglio, rilevasi dal *Tipico*, dall' *Antologio*, dal *Liturgico* e da tutti gli altri libri degli Orientali, e specialmente da' grandi *Menei* al predetto giorno 9 di Luglio, in cui si riporta il *Canone Sinassario* e l'intiero officio del medesimo S. Pancrazio; delle quali testimonianze, sì perchè sono prolisse, come ancora perchè conosciute da

---

(1) Apparat. Sacr. tom. 3. Verbo Rutheni.
(2) Tom. I. Sanctor. Mensis Maji.
(3) In continuat. Bollandi tom. I. Sanctor. mensis Aprilis die 3 de S. Pancratio Episc. et Mart. Tauromenit.

tutti gli eruditi, ci dispensiamo dal riferire quì le parole.

XVI. Presso i Greci la festa di S. Pancrazio si celebra pure il giorno 9 di Febbraro, non già di Gennaro, come altrove (1) per errore tipografico fu scritto; e questa volta con rito meno solenne, con la recita cioè del *Sinassario* soltanto, nè proprio del solo S. Pancrazio, ma comune ancora a' Santi Marciano e Filagrio. Il che quì trascriviamo dal Menologio di Basilio Imperatore recentemente pubblicato in Urbino:

« Commemorazione di S. Marciano Vescovo
« di Sicilia, di Filagrio Vescovo di Cipro, e
« di Pancrazio Vescovo di Taormina. Questi
« furono discepoli di S. Pietro Apostolo. Giac-
« chè il padre di S. Pancrazio, mentr'era an-
« cora in vita mortale Gesù Cristo, ed ope-
« rava de' miracoli, mosso dalla fama di lui,
« venne dalla città di Antiochia in Gerusalem-
« me per vederlo insieme col figlio Pancrazio,
« il quale essendosi insinuato nell'amicizia di
« S. Pietro, dopo l'Ascensione di Cristo, lo se-
« guì, e fu da lui ordinato Vescovo di Taor-
« mina; ma poscia ammaestrando gl'infedeli
« nel nome di Cristo, fu da essi segretamente
« ucciso. Così Marciano fatto Vescovo di Sici-
« lia, dopo aver convertito a Dio molti infe-

(1) Codice Diplom. Sicil. Dissert. 1. N. 6. pag. 401.

« deli morì. Filagrio poi eletto Vescovo di
« Cipro , insegnando anch' egli nel nome di
« Cristo , avendo sofferto molte molestie dai
« demonii, e dagli uomini empii ed infedeli,
« morì parimente, ringraziando il Signore sino
« all'ultimo respiro (1). »

XVII. È mirabile dunque il consenso della
Chiesa Latina e Greca sul culto ecclesiastico
di S. Pancrazio ; fra le quali non corre altra
differenza, se non che il venerarsi presso i Latini questo Santo il giorno 3 d'Aprile, e presso
i Greci il giorno 9 di Febbrajo ed il giorno 9
di Luglio.

XVIII. Smarrite già da più tempo le scritture della sacra antichità , non si può certamente definire onde sia nata la multiplice commemorazione di S. Pancrazio ; massimamente

(1) Commemoratio Sancti Marciani Episcopi Siciliæ ;
Philagrii Episcopi Cypri, et Pancratii Episcopi Tauromenii.
Isti discipuli fuere S. Petri Apostoli. Nam Sancti Pancratii
pater quum adhuc Christus in corpore in terris ageret, et
miracula patraret, ejus fama commotus, ex urbe Antiochia
Hierosolymam venit una cum Pancratio, ut eum videret,
eumque se in amicitiam Sancti Petri insinuasset, post Christi Ascensionem sequutus est eum, et ab ipso ordinatus est
Tauromenii Episcopus, et quum in Christi nomine doceret, clam ab infidelibus interfectus est. Item Marcianus
Episcopus Siciliæ factus, postquam multos infidelium ad
Dominum convertisset, decessit. Philagrius vero Cypri E-
piscopus constitutus, quum et ipse in nomine Christi
doceret, multas molestias a dæmonibus, atque impiis, et
infidelibus hominibus passus, ad extremum usque spiritum gratias agens obiit.

perchè i più accurati critici del nostro tempo (1)
opinano d'essere incerto, se i giorni che gli
antichi Martirologii assegnano alla solennità
de' Santi, siano quelli in cui subirono il martirio, ovvero siano segnalati da altra qualsiasi
illustre memoria di essi. Certo però si è che in
Sicilia, dalla quale fu diffuso nelle altre provincie il culto di S. Pancrazio (2), non in un
giorno solo, ma e al 3 d'Aprile ed al 9 di
Luglio, celebravasi la festa di S. Pancrazio,
come puossi raccogliere dagli antichi monumenti
della sacra erudizione, da noi allegati nella
nostra qual siasi opera *De Divinis Siculorum*
officiis (3). Aggiungiamo in questo luogo i
Martirologii Siciliani (4), e specialmente quello
dell'Abate Francesco Maurolico messinese, stampato tre volte in Venezia ed una volta in Napoli, in cui sotto il giorno 3 d'Aprile si legge:
Presso Taormina di Sicilia (la festa) di S.
Pancrazio Vescovo e Martire (5); e sotto il
9 Luglio: *In Taormina di Sicilia (la festa)*
di S. Pancrazio Vescovo, ucciso dal gentile

(1) Vide Anton. Paggium in Crit. Baron. ad ann. Christi
67 et Franeisc. Paggium in Breviar. Ss. Pontif. tom. 1.
in Epist. ad lect. N. 21.

(2) Acta Ss. Bolland. die 6 Junii de Ss. Eusebia Zenaide etc. N. 3.

(3) Cap. 41, et 44.

(4) Apud Octavium Cajetanum Idea Ss. Siculor. pag.
3, et 24.

(5) Apud Taurominium Siciliæ Pancratii Episcopi et
Martyris.

Arcagano, la vita del quale fu scritta da Evagrio suo discepolo (1). E nell'altro di Ottavio Gaetano, stampato in Palermo l'anno 1617, al giorno 3 d'Aprile si trova: *In Taormina il natale di S. Pancrazio Vescovo e Martire, il quale dal B. Pietro Apostolo fu ordinato primo Vescovo de' Taorminesi* (2): e al giorno 9 di Luglio: *(Festa) di S. Pancrazio Vescovo di Taormina, e Martire* (3).

XIX. Per ciò che riguarda gli scrittori, uno fra essi è Evagrio, discepolo e compagno dell'istesso S. Pancrazio, e la di cui testimonianza è tale, che nulla può desiderarsi di più vero, di più certo, di più antico. Non ignoriamo certamente, che la storia di Evagrio, qual l'abbiamo al giorno d'oggi, è orrendamente adulterata, e così piena di errori, che dovrebbe essere greco, o per certo preoccupato dallo studio di parte, chi stimasse di doversi aggiustar piena fede. Noi però alleghiamo qui un altro esemplare della medesima storia, diverso in tutto dall'odierno, quello cioè primitivo, e che non contiene alcuna falsità, di cui molti anni dopo si servì il Vescovo di Taormina Ce-

(1) Tauromenii Siciliae Sancti Pancratii Episcopi ab Archagano pagano interfecti, cujus vitam scripsit Evagrius ejus discipulus.

(2) Tauromenii natalis S. Pancratii Episcopi et Martyris, qui a B. Petro Apostolo primus Tauromeniorum Episcopus ordinatus est.

(3) S. Pancratii Episcopi Tauromenii, et Martyris.

rameo ; esponendo durante il sacrifizio della
Messa, la vita del medesimo S. Pancrazio. —
« Imitiamo, egli dice, questo vero Pastore ed
« imitatore di nostro Signore, Pancrazio, la di
« cui santissima vita dopo che vi avrò esposto
« di volo, vi mostrerò non essere difficile lo
« imitarla. S. Pancrazio adunque (siccome a
« nostra memoria tramandò Evagrio, il quale
« scrisse la storia delle sue gesta) partito dal-
« l'Oriente, e per le mani del Principe degli
« Apostoli, che ne avea facoltà, creato Ve-
« scovo, fu mandato in questa nostra isola. E
« venendo in questa nostra città di Taormina;
« prima di tutto la purgò dalle abbominazioni
« de' Demonii, ed atterrò i profani simulacri:
« fra i quali erano in precipuo onore Falcone,
« Lissio, e Scamandro. Poscia convertì alla
« vera religione Bonifacio Prefetto della città,
« ed innalzò tempii ed altari in onore di Dio.
« Finalmente avendo convertito molti alla vera
« fede, suggellò la fine della vita col marti-
« rio; ed imitando anche in questo il suo Si-
« gnore, e decorando con la porpora del suo
« sangue la pontificale dignità, per le mani
« degli Angeli fu trasportato in cielo (1). »

(1) Imitemur Pastorem hunc verum, et Domini imita-
torem Pancratium, cujus sanctissimam vitam, postquam
cursim exposuero vobis, ostendam non esse difficile imi-
tari. Sanctus igitur Pancratius, (sicuti memoriæ prodiit
Evagrius, qui de ejus gestis historiam scripsit) ab Oriente

. XX. Queste cose scrisse Cerameo nel IX secolo, quando la storia di S. Pancrazio scritta
da Evagrio, ritenendo la sua primitiva since-
rità, non era adulterata da errori; siccome
dopo esatte osservazioni affermarono i Bollandisti (1), tanto benemeriti nell'illustrare le vite
de' Santi. E così ancora questa Omelia, sembra
che sia una di quelle che spettano a Gregorio
Cerameo, scrittore del IX secolo, non già a
Teofane Cerameo, il quale visse circa 200 anni
dopo. E certamente l'essere stata questa Omelia recitata davanti le venerabili reliquie di S.
Pancrazio, fa conoscere d'appartenere a quel Cerameo che fiorì prima che Taormina fosse presa
da' Saraceni; giacchè dopo la caduta di questa
città, non si videro più in Taormina le dette
Reliquie: siachè dagli empii Saraceni fossero state
bruciate in una a quelle de' Santi Procopio e

profectus, et Principis discipulorum manibus, sacris ini-
tiare potentibus, Episcopus creatus, in nostram hanc insulam missus est. Cumque ad hanc civitatem Tauromenium advenisset, primum omnium abominationibus
Dæmonum eam expurgat, et profana conterit simulacra:
ex quibus præcipuo colebantur honore Phalcon, et Lys-
sius, et Scamandrus. Postea ad veram religionem Præ-
fectum Civitatis Bonifacium traduxit, ac templa in Dei
cultum, et sacras ædes ædificat. Demum cum multos
convertisset ad veram fidem, vitæ finem martyrio consi-
guavit; atque in hoc etiam Dominum suum imitatus, et
sui purpura sanguinis Pontificatus dignitate decorata, in
cœlum Angelorum manibus sublatus est.

(1) Act. Ss. Mens. Aprilis die 3 de S. Pancratio Episc.
et Mart.

Socii Martiri (1); sia che prevedendosi imminente la strage fossero state trasportate in Roma.
Difatti in Roma nella Chiesa di S. Pancrazio
Martire che morì sotto Diocleziano, fuori della
Porta Aurelia, si conservano le reliquie di questo Santo, insieme a quelle dell'altro S. Pancrazio Vescovo e Martire, con questa iscrizione
in marmo:

Die XI Aprilis MDCXXVI.
Consecratum fuit hoc altare in honorem
S. Pancratii Martyris in quo pariter inclusum
est Corpus S. Pancratii Episcopi et Martyris.

XXI. Dal medesimo genuino ed abbastanza
sincero Codice Evagriano sembra che abbiano
desunto le loro testimonianze S. Sofronio e
S. Teodoro Studita: l'uno scrittore del VII secolo, l'altro dell' VIII ; ambidue però strenui
propugnatori della Fede Cattolica, e che lasciarono illustri monumenti del loro ingegno: quegli contro i Monoteliti , che ammettevano in
Cristo soltanto la volontà ed operazione divina
escludendo la umana, e questi contro gl'Iconoclasti, che negavano doversi prestare un culto
alla Sacre Imagini. Infatti S. Sofronio, ragionando di S. Pietro , dice , che egli consacrò
Vescovi *Marciano in Siracusa, e Pancrazio*
in Taormina (2). E S. Teodoro, stimando le

(1) Socii Bollandiani loco jam citato.
(2) Comment. de Ss. Petr. et Paul. in Biblioth. PP.
tom. 7.

Sacre Imagini, così per la Tradizione come per la Scrittura, degne di venerazione e di culto, adduce l'autorità della Storia di S. Pancrazio. Rammenta perciò che S. Pietro comandò di dipingersi la immagine di Nostro Signore Gesù Cristo, e la diede a S. Pancrazio, ch'era sul punto di partire per la Sicilia ad esercitarvi l'Apostolato, affinchè mostrasse a' popoli quale forma avea preso il figlio di Dio (1).

XXII. Circa questo tempo fiorì un anonimo, ma grave autore, il quale compose l'inno di tre strofe all'uso de' Greci, e che era solito cantarsi ne' primi vespri della festa di S. Pancrazio: ivi asserisce che S. Pancrazio fu eletto dal Principe degli Apostoli S. Pietro, qual preziosa pietra ad innalzare le chiese di Dio, e ad atterrare i simulacri degl'idoli; ed aggiunge che con la sua parola fugò gli spiriti maligni, con la grazia del Divino Spirito rese spirituali i popoli, convertì le menti degli uomini dalle tenebre dell'idolatria al lume dell'evangelica verità, e finalmente con glorioso martirio passò da questa a nuova vita.

XXIII. Le stesse cose dice S. Giuseppe In-

(1) Petri Apostoli vox est in historia Sancti Pancratii filii Joseph, adfer imaginem Domini Nostri Jesu Christi et imprime illam in Pyrgisco, ut videat populus, qualem formam sumpserit Filius Dei, ut videntes amplius credant, formae typum intuentes, et reminiscantur eorum, quae per nos eis annunciata sunt.

nografo, scrittore del medesimo tempo, nel Canone che sopra S. Pancrazio scrisse' con elegantissimo stile. Questo Canone, sebben mutilato, l'abbiamo ne' grandi *Menei* de' Greci sotto il 9 Luglio, e tradotto in latino il diedero alla luce Ottavio Gaetano (1), e i Socii Bollandisti (2); ma noi più fortunati di essi l'abbiam trovato intiero e risultante di trentadue strofe, in Messina nella Biblioteca del Santissimo Salvatore (Cod. CVIII), e terminata la presente opera, se Dio ci assisterà, lo pubblicheremo in greco ed in latino. Ivi l'autore ricorda più volte la missione di S. Pancrazio in Sicilia eseguita per comandamento di S. Pietro, la conversione a Gesù Cristo del popolo Taorminese, e l'estinzione dell'empia Idolatria in quest'isola.

XXIV. Circa questi tempi ancora visse Gregorio monaco Bizantino, il quale venuto da Bizanzio in Taormina, in occasione della festa di S. Pancrazio, recitò un' elegantissima orazione sul medesimo Santo. Questa fu pubblicata soltanto in latino, secondo la versione di Agostino Florito, da Ottavio Gaetano (3), e dopo lui dal continuatore del Bollando Goffredo Eschenio (4). Il quale sapendo che Florito nelle

(1) Tom. I. Ss. Siculor.
(2) Acta Ss. mensis Aprilis die 3 de S. Pancrat.
(3) Vit. Ss. Siculor. tom. I, pag. 11.
(4) Act. Ss. die 3 Aprilis in vit. S. Pancrat. Ep. et Mart.

sue versioni avea più cura dell' eleganza che
della fedeltà, non acquietandosi ad esso,
mostrò desiderio che si fosse trovato l' originale greco da pubblicarsi con nuova e più accurata versione; aggiungendo, che avrebbe fatta
opera gratissima a lui ed a tutti gli eruditi,
chiunque, trovatolo, l'avesse dato alla pubblica
luce. Ed è perciò che noi non reputiamo inutile
lavoro, il pubblicare per la prima volta alla
fine della presente opera questa stessa orazione
panegirica, in greco ed in latino. Il testo greco
l'abbiamo desunto da quattro Codici manoscritti
da noi confrontati : uno della Biblioteca del
Santissimo Salvatore di Messina, e gli altri tre
della Biblioteca del Collegio de' Gesuiti di Palermo. La versione latina poi si troverà sem-
plicissima, ma eseguita con accurata fedeltà.

XXV. Non molto dopo fiorì Simeone Metafraste, o chiunque sia l'autore del Commentario sulle fatiche e su' viaggi de' Santi Apostoli
Pietro e Paolo, pubblicato soltanto in latino
dal Surio (1); in greco però ed in latino dai
Bollandisti (2). Nel qual Commentario l'autore
non discostandosi dalla tradizione comunemente ricevuta, riconosce che S. Pancrazio, ordinato Vescovo da S. Pietro, fu mandato da lui
in Taormina di Sicilia, ed asserisce che dal
medesimo Principe degli Apostoli fu visitato

(1) Die XXIX Junii.
(2) Eodem die.

allorchè da Antiochia si conduceva a Roma (1).

XXVI. Niceforo Callisto finalmente, nella storia ecclesiastica che scrisse al tempo di Andronico Seniore, pienamente conferma il nostro argomento della missione di S. Pancrazio in Taormina per comando di S.'Pietro, che stava allora in Antiochia, e dell' illustre martirio da lui consumato sotto Trajano Imperatore (2). Ed altrove rammentando gli uomini apostolici vissuti sino al tempo di Trajano, fra gli altri annovera il nostro S. Pancrazio (3).

(1) Petrus autem Domini Apostolus, cum simulac esset ingressus, multasque Antiochiæ fecisset curationes, et unum Deum in tribus personis iis qui erant congregati, feliciter annunciasset, Marcianum quidem Syracusis in Sicilia, Pancratium autem Tauromenii Episcopum inaugurasset . . . . . ad Siciliam navigavit. Ibi Tauromenium veniens apud Pancratium virum sapientissimum diversatur: ubi cum Maximum quemdam instruxisset, et baptizasset, eumdemque Episcopum delegisset, Romam venit.

(2) Siculorum Ecclesiæ Pancratium aliisque regionibus, insulis, et urbibus Episcopos alios, qui ab eo sacram Christi disciplinam accepissent præposuit. — Hist. Eccl. lib. 2. cap. 35.

(3) Lib. 3. cap. 18.

CAPO III.

—

Della venuta di S. Pietro in Taormina, e dell'ordinazione di Massimo e di altri Véscovi ivi fatta.

I. Molti fra gli eretici, i quali non attendono a ricercare la verità, ma a scemare impudentissimamente la maestà della Romana Chiesa, fra le tante follie osano di mettere in mezzo quest'altra: che S. Pietro cioè non venne mai in Roma, nè qui fondò la Chiesa, nè vi piantò la sua Cattedra. A costoro aprì la via di così pensare fra i primi Marsilio Patavino (1), uomo più filosofo e politico che cristiano, e dippiù pubblicamente scomunicato; il quale per acquistare la grazia dell'Imperatore Ludovico il Bavaro, che allora era in discordia col Romano Pontefice, diede alla luce quel pestifero libro, che intitolò *Defensor Pacis;* e in esso, come pagato per mentire a prò dell'Imperatore, il primo fra tutti con temerario ardimento mosse guerra all'Episcopato di S. Pietro in Roma, stimando da questa nuova sentenza tanto più doversi accrescere la giurisdizione imperiale, quanto più l'autorità pontificia venisse a diminuirsi.

(1) Part. 2. Cap. 16.

II. Però Guglielmo Cave (1), sebbene niente amico della Chiesa Romana perchè ingolfato negli errori degli eretici, pure anch'egli, dopo molti difensori religiosissimi della maestà pontificia, non ardì negare, che questa verità del viaggio di S. Pietro in Roma sia così chiaramente, così costantemente, e con tal concorde testimonianza de' Padri confermata, che non possa pel capriccio di alcuno rivocarsi in dubbio.

III. E difatto tal verità confermano gli antichissimi Padri, Ignazio discepolo del medesimo S. Pietro, Papia uditore di S. Giovanni Evangelista, Ireneo seguace di S. Policarpo, Dionisio Corintio, Tertulliano, Caio prete romano, Origene, S. Cipriano, Arnobio, Ottato, S. Girolamo, S. Agostino, ed altri molti testimonii della più remota antichità, certamente superiori ad ogni eccezione, che furono insieme raccolti dall' eruditissimo Pietro Francesco Foggino nella bellissima opera « *De Romano Divi Petri itinere et Episcopatu.*

IV. Ma sarebbe certamente a desiderarsi, che siccome abbiamo non dubbia notizia della venuta di S. Pietro in Roma, così avessimo potuto trovare una tradizione egualmente certa e priva di ogni sospetto delle cose da esso

(1) Scriptor. Ecclesiast. Historia Sæcul. 1, ad ann. Christ. 31.

fatte in quel viaggio : imperocchè gli antichi Padri , disdegnando per consueto le prolisse relazioni, lasciarono intatto questo punto; nulla dicendo per quali vie e da chi accompagnato S. Pietro fosse venuto in Roma, che cosa avesse fatto nel viaggio , quai luoghi avesse visitato, e quanti Vescovi ordinato.

V. Nondimeno ciò che gli antichi Padri omisero, il fece il solo Simeone Metafraste, o chiunque egli sia l'autore del Commentario de' Santi Pietro e Paolo (1), il quale sebbene sia assai più recente de' sopracitati Padri , pure è rispetto a noi molto antico; e quindi la di lui autorità è senza dubbio tale , che senza un forte motivo non puossi prudentemente rigettare. In questo monumento dell'antichità l'autore cenna sommariamente i viaggi di S. Pietro, e le Chiese da lui nel corso di essi fondate ; e narrando la navigazione di S. Pietro da Antiochia a Roma, che dice avvenuta sotto l'impero di Claudio, aggiunge che l'istesso S. Pietro nel viaggio approdò a Taormina , e che ivi dimorò presso S. Pancrazio , cui prima avea spedito in Sicilia a predicarvi la fede : e dippiù che il medesimo Principe degli Apostoli, dimorando in Taormina , catechizzò

---

(1) Apud Socios Bollandi die 29 Junii de Ss. Petr. et Paul.

e battezzò un certo Mássimo, e poscia lo insignì dell' ordine episcopale (1).

VI. Con l' anzidetto scrittore si accorda Ugone Eteriano, il quale protetto da Manuello Imperatore di Costantinopoli, pugnò costantissimamente contro i greci che negavano la processione dello Spirito Santo dal Padre e dal Figlio, e diè alla luce tre libri col titolo: *De haeresibus quas graeci latinos devolvunt;* ne' quali fra i vescovi ordinati dal Principe degli Apostoli enumera Massimo di Taormina(2).

VII. Ed affinchè non sembriamo troppo prolissi nell' enumerare tutti gli scrittori, crediamo più che sufficiente il rammentare, che intorno a questa venuta di S. Pietro in Taormina e l' ordinazione di Massimo, è concorde l'opinione de' siciliani e degli stranieri, nè v' è alcuno al presente, nè fu mai, che in qualsiasi modo ad essa siasi opposto; epperò oltre Ot-

(1) Ad Siciliam navigavit S. Petrus. Ibi Tauromenium veniens, apud Pancratium virum sapientissimum diversatur; ubi cum Maximum quemdam instruxisset et baptizasset, eumdemque Episcopum delegisset, Romam venit.

(2) Petrus enim magnus Christi Apostolus in omnibus fere civitatibus, Syriæ, Cappadociæ, Phrigiæ, Macedoniæ, Ellados, Empyri, Siciliæ, Galliæ, Hispaniæ ac extremitutum, ut ecclesiastica historia perhibet, Episcopos ordinavit. Etenim Jacobus ejus favore Hierosolymorum thronum tenuit, dein Evodium Antiochiæ, Tarsi Urbanum, Epaphroditum Liciæ, Figellum Ephesi, Smirnæ Apellem, apud Olimpum Philippum, Thessalonicæ Jasonem, Silum Corinthi, Tauromenii Maximum ordinavit.—Lib. 3, Cap. 13.

tavio Gaetano, Rocco Pirri, Francesco Scorso,
Alberto Piccolo, Paolo Belli, Tommaso D'Angelo, ed altri non oscuri scrittori nazionali,
son da consultarsi Cesare Cardinal Baronio (1),
Cornelio Alapide (2), e que' tre rigidissimi critici del Belgio, che con grave e sana erudizione attendono diligentemente ad illustrare le
vite de' Santi, Giovanni Bollando (3), Goffredo
Eschenio (4), e Daniele Papebrochio (5).

VIII. Alla testimonianza degli scrittori si aggiunge la tradizione della Chiesa di Taormina,
la quale venera ed onora la memoria del predetto S. Massimo sotto il giorno 12 Gennaro;
trovandosi notata nel Martirologio de' Santi Siciliani compilato da Ottavio Gaetano con queste
parole:—*Apud Tauromenios S. Maximi Episcopi a Beato Petro Apostolo ordinati.* Della
qual tradizione della Chiesa di Taormina fanno
menzione ancora Pirri (6), Scorso (7), ed
Aprile (8) di sopra nominati; non che Filippo Ferrari nel suo Catalogo de' Santi che
non si trovano nel Martirologio Romano (9), nel

(1) Tom. 1. Annal. Eccles. ad ann. 44. Cap. 25.
(2) Comment. in Act. Apost. Cap. 28. N. 12.
(3) Acta Sanctor. die 12 Januar. in vita S. Maximi.
(4) Acta Sanctor. die 3 Aprilis in vita S. Pancratii.
(5) Acta Sanctor. die 23 Martii in vita S. Niconis.
(6) Not. Taurom. Eccles.
(7) In hom. Theoph. Ceram. Proæm. 1. § 2.
(8) Chronol. Sicil. p. 2, lib. 1, cap. 1,
(9) Die 12 Januarii.

quale annovera S. Massimo ordinato Vescovo da S. Pietro in Taormina, e cita nelle note i monumenti di questa Chiesa.

IX. Al fin qui detto sembra opporsi l'episcopato di Evagrio discepolo di S. Pancrazio, che dicesi di aver succeduto immediatamente alla morte del suo maestro; giacchè non pare, che l'ordinazione di Massimo possa conciliarsi con quella di Evagrio. Ambidue furono certamente ordinati vescovi per succedere a S. Pancrazio autore primario della Chiesa di Taormina; e così quelli che impresero ad illustrare la storia ecclesiastica di Sicilia, onde non mostrare di assegnar due vescovi contemporaneamente ad una sola Chiesa, in vario modo si sono studiati di vendicare da ogni sospetto di falsità l'ordinazione dell'uno e dell'altro. Alcuni difatti stimano che Evagrio avesse succeduto a S. Pancrazio, e Massimo ad Evagrio; altri per contrario opinano che non fu Massimo successore di Evagrio, ma Evagrio di Massimo; altri finalmente sostengono esser avvenuta la morte di Massimo mentre era ancor vivente Pancrazio, attribuendo così ad Evagrio l'episcopato subito dopo il martirio di questo Santo.

X. A noi sembra molto dubbioso ed incerto l'episcopato di Evagrio: non già perchè l'istesso Evagrio non abbia potuto essere insieme con Massimo realmente vescovo di Taormina; ma per la ragione, che la notizia di tale episcopato viene da una fonte poco sicura, dagli Atti cioè di S. Pancrazio, riprovati per comune consenso degli eruditi. Certamente, se vi fu l'ordinazione di Evagrio, ciò non potè impedire che Massimo fosse assunto all'episcopato della medesima città; anzi non era necessario aspettarsi la morte di Pancrazio, acciocchè l'istesso Massimo mettesse in esercizio l'uffizio e la dignità ricevuta: ben poterono due, tre ed anche più vescovi presedere contemporaneamente alla sola Taormina; giacchè questa disciplina che in una sola città non coesistano due vescovi, non è più antica del Concilio Niceno, nè si può in alcun modo riportare agli aurei tempi degli Apostoli. Gli Apostoli difatto, così volendo la ragione dei tempi, ebbero in costume di stabilire più vescovi, specialmente nelle città nobili ed illustri, affinchè aiutandosi a vicenda, fossero più atti a disseminare e propagare la fede cristiana.

XI. E certamente gli antichi vescovi, avendo un cuor solo ed un'anima sola, e ardendo di uguale fiamma di carità per convertire le anime, più con consenso e spirito comune che con gelosia di giurisdizione, esercitavano l'uffizio di evangelisti. Ond'è che l'Apostolo scrivendo ai Filippesi (1), abitanti di una sola città

(1) Ad Philipp. I. 1.

di Macedonia, non fa menzione di un vescovo soltanto ma di molti; e stando per andare in Gerusalemme, radunando i molti vescovi preposti alla sola città di Efeso, così ad essi parlò: *Badate a voi e a tutta la greggia in cui lo Spirito Santo vi pose Vescovi a reggere la Chiesa di Dio* (1). Dai quali, e da altri monumenti della sacra antichità, affermano ciò esser chiaro Pietro de Marca nella sua *Esercitazione sul Primato di S. Pietro* (2), e Daniele Papebrochio nel libro — *Conatus Chronologicus historicus ad Cathalogum Pontificum Romanorum* (3).

XII. L'ordinazione adunque di Massimo, fatta da S. Pietro mentre era in Taormina, apparisce conforme alla disciplina che tenne la Chiesa dei primi secoli nel consacrare i vescovi, nè sembra includere verun sospetto di falsità od incertezza. S. Pietro difatto, visitando le Chiese da lui fondate, nelle private e nelle pubbliche adunanze, confermava nella costanza della fede il novello gregge di Cristo, e riguardando alla di lui utilità, non contento di un sol presbitero o vescovo, tanti altri secondo il bisogno dei luoghi ne stabiliva, quanti ne stimava necessarii ad evangelizzare, battez-

(1) Act. Apost. 20. 28.
(2) Exercit. de Primat. S. Petri N. 18.
(3) In S. Petro Dissertat. 2. N. 9. edit. ante acta Sanctor. Maij.

zare, e spiegare le Scritture. E così il medesimo Principe degli Apostoli, come dice S. Giovanni Grisostomo (1), si regolava nella Chiesa
di Dio siccome sogliono i Capitani nell' esercito, e provvedendo alla salute di tutti, si stu-
diava di considerar sollecitamente qual parte
di popolo dovesse aiutarsi, quale confermarsi,
e quale avesse bisogno di un capo.

XIII. Nè alla sola Taormina, ma ad altre
città ancora dicesi aver provveduto in quel
tempo S. Pietro; avendo, oltre Massimo, consacrato Vescovi Berillo, Libertino, e Filippo: il
primo de' quali mandò in Catania, come dopo
Ottavio Gaetano (2), Giovanni Bollando (3), e
Filippo Ferrari (4) scrisse Vito Maria Amico
Catanese diligentissimo investigatore delle cose
della sua patria (5); il secondo spedì ad Agrigento, giusta la testimonianza del medesimo
Gaetano (6), ed il terzo a Palermo, come racconta Giovanni Maria Amato nella sua storia
del Duomo di questa città (7). Forse in quel
tempo fu dato a Siracusa Marciano, il quale,
secondo ciò che scrivemmo nel Codice Diplomatico di Sicilia, e nella Storia degli Ebrei di

(1) Homilia 21 in acta Apostol. Cap. 9.
(2) Tom. 1. Ss. Sicul. tom. 1. in vita S. Berylli.
(3) Act. Ss. die 21 Mart. de S. Beryllo.
(4) In suo Sanct. Catalogo die 21 Martii.
(5) Catana Illustr. p. 1. lib. 3. Cap. 1. N. 3, e 4.
(6) Loc. cit. in vita S. Libertini.
(7) Lib. 2. cap. 3.

quest' isola, siam convinti d' appartenere ai tempi degli Apostoli, checchè ne dicano. i Bollandisti (1); i quali ascrivendo a' tempi posteriori l'ordinazione del medesimo Marciano e di altri Vescovi, affermano non esservi stato in Sicilia ne' primi tre secoli altro Vescovo allo infuori di quello di Taormina. Noi alieni da' ogni studio di parte non neghiamo la loro gloria alle altre città, siccome gli altri sincerissimi scrittori non isdegnano di concedere ben volentieri alla nostra patria il dovuto onore, riconoscendo per primo fra tutti i Vescovi Siciliani S. Pancrazio.

XIV. S. Pancrazio adunque non fu l'unico ma il primo autore della fede predicata in Sicilia; ed in questo senso devono intendersi gli scrittori stranieri, molti di numero e gravi per autorità, i quali a S. Pancrazio ascrivono la gloria della conversione de' Siciliani alla verità del Vangelo. Tra i quali stanno in prima fila Francesco Maria Fiorentino (2), Pietro Galesino (3), e Domenico Georgio (4). E per ta-

(1) Act. Ss. mens. Junii die 14 de S. Marciano Episc. et Mart.

(2) Apud Tauromenium, sive Taurominium, Græcis celebrem urbem, celebris est memoria S. Pancratii, primi Siciliensium Apostoli.—Not. ad Martyrolog. Occid. Eccl. die 3 April.

(3) S. Pancratius in Sicilia Ecclesiam instituit. —Not. ad Martyrol. Rom. eod. die.

(4) Sanctus Pancratius primus fuisse Siculorum Apostolus dicitur, eo missus ab Apostolo Petro. — Not. ad Martyrol. Adonis eod. die.

cere degli altri, che sarebbe troppo lungo tesserne il catalogo, i Bollandisti), critici molto severi, affermano la nostra sentenza come comune ed indubitata presso i cultori della ecclesiastica erudizione (1).

XV. Ottavio Gaetano (2), uomo per altro dottissimo, e che si è sommamente distinto nello illustrare le vite de' Santi Siciliani, ma che in questo si è lasciato un po' trasportare dallo studio di parte, contende che S. Marciano fosse consacrato nell' istesso giorno in cui lo fu S. Pancrazio, e che insieme con lui venisse in Sicilia; sicchè da questo simultaneo principio, si sforza presentar la sua chiesa Siracusana, se non più antica, almeno di uguale antichità che la chiesa di Taormina. Egli trae l'argomento da ciò che presso i Greci, tanto separatamente quanto unitamente son venerati gli stessi Santi Pancrazio e Marciano: il primo al giorno 9 di Luglio e il secondo al 30 di Ottobre; e poi l' uno e l' altro unitamente il giorno 9 di Febbraro: opinando che i giorni diversi significhino i giorni diversi del martirio, e l'identico giorno, comune ad ambidue, la memoria della loro consecrazione. Questo

---

(1) Apud Taurominium Siciliæ Beati Pancratii, quem primum fuisse Siculorum Apostolorum recepta opinio est.—Not. ad Martyr. Usuardi eod. die.

(2) Tom. 1 Ss. Siculor. in vita S. Marciani Episcopi et Mart.

sembra pienamente confermarsi dall'Officio ecclesiastico .di S. Marciano , approvato prima per la Chiesa di Gaeta e poi per quella di Siracusa, in cui dicesi che S. Marciano fu spedito in Sicilia dal Principe degli Apostoli S. Pietro insieme con S. Pancrazio.

XVI. Ma e l'autorità di quest' Officio , e le congetture del Gaetano non sono certo di tanto peso che possano confermare siffatta istoria. Infatti l' Officio di S. Marciano vedesi esser desunto dalla storia di esso Santo manoscritta, propria della Chiesa di Gaeta; la quale essendo tolta dagli atti apocrifi di S. Pancrazio , non merita maggior fede di quella che, a giudizio dello stesso Gaetano, si deve al suo originale. L' argomento poi della simultanea ordinazione di Pancrazio e di Marciano, tratto dalla simultanea commemorazione d'ambidue, non sarebbe forse da disprezzarsi , se ad esso non si opponesse la ecclesiastica disciplina di quei tempi. Imperocchè sebbene nella Chiesa Latina non sia cosa nuova che il giorno dell'ordinazione di alcuni illustri personaggi, come Ambrogio, Gregorio, Martino, sia segnato qual dì commemorativo nel ruolo de' Santi , ciò però non fu in uso presso i Greci , massimamente pe' Santi che convissero con gli Apostoli; siccome riprovando l'errore del Gaetano, scrisse il Continuatore di Giovanni Bollando , Daniele

Papebrochio (1). Si rilegga ciò che abbiamo scritto trattando del medesimo S. Pancrazio, dove è dimostrato essere incerto se le festività de' primi Martiri dovessero riferirsi al giorno piuttosto della loro morte, che a quello della traslazione, o della dedicazione della Chiesa, o di altra qualsiasi illustre memoria.

CAPO IV.

—

Di Evagrio discepolo di S. Pancrazio, e della Storia del medesimo Santo da lui scritta.

I. Che Evagrio discepolo di S. Pancrazio e compagno del suo maestro, abbia scritto la storia di lui, non sembra potersi revocare in dubbio, stante la testimonianza di due antichi e dotti Padri. Il primo è Teodoro Studita, il quale nell'epistola, che, al tempo delle persecuzioni di Leone Armeno Imperatore d'Oriente, scrisse a' Confessori contro i nemici delle Sacre Immagini, e che fu pubblicata dal Baronio sopra un Codice della Biblioteca del Cardinal Colonna (2) cita questa storia di S. Pancrazio;

(1) Tom. I. Ss. Siculor. in vita S. Marciani et in vita S. Pancratii.
(2) Ann. Christ. 814. N. 49.

e narra, giusta l'accennato documento, l'ordine dato da S. Pietro a quel Santo di portar seco l'immagine di Nostro Signore Gesù Cristo. L'altro scrittore è quel celebre Cerameo Arcivescovo di Taormina, il quale nell'Omelia che in occasione della festività di S. Pancrazio recitò al suo popolo, stando per narrare le gesta del medesimo Santo, dice di averle desunto dalla storia che ne scrisse Evagrio (1).

II. Sopra questo stesso punto convengono con gli antichi Padri i più recenti storici, così nostrali, come stranieri, de' quali citiamo soltanto uno per classe e certo non oscuri; cioè l'Abate Francesco Maurolico Messinese (2), e Giovanni Molano Teologo di Lovanio (3), i quali ne' loro Martirologii, non sotto l'istesso giorno, ma con le stesse parole attestano la medesima cosa (4).

III. Questa istoria di S. Pancrazio, siccome con sommo lavoro ed accuratezza del suo autore fu scritta, così con grande cura de' posteri fu diligentemente custodita. Infatti nell'universale naufragio de' monumenti, che per la crudeltà di ben molti imperatori ebbero a

(1) Sicuti memoriæ tradidit, qui de ejus rebus gestis historiam scripsit Evagrius. Homil. 57. de S. Pancratio.
(2) In Martyrologio die 9 Julii. —
(3) In Martyrologio die 3 Aprilis.
(4) Apud Taurominium Siciliæ depositio Beati Pancratii Episcopi ab Archagano pagano interfecti, cujus vitam scripsit Evagrius ejus discipulus. —

soffrire le ecclesiastiche scritture, essa non andò perduta, nè fu contaminata o conspersa di quelle favole del volgo, che negli antichi tempi la imperizia degli oziosi intruse fraudolentemente negli scritti della sacra erudizione; ma illesa da ogni alterazione, giunse nella primitiva sua genuinità sino a' tempi dei Saraceni, ed anco più oltre. Della qual cosa, per non citare altri, fan testimonianza i dottissimi Continuatori del Bollando (1).

IV. Laonde non può essere alcun dubbio, che dalla sincera storia di Evagrio è tolto ciò che si contiene nella sopracitata epistola di S. Teodoro Studita, nell'Omelia di Cerameo, nell'elogio di Gregorio Monaco Bizantino, nel canone di S. Giuseppe Innografo, nei libri ecclesiastici dei Greci, e nelle altre orazioni dei Padri sopra S. Pancrazio, scritti avanti la dominazione dei Saraceni. Imperocchè il non trovarsi in questi monumenti niuna di quelle esagerazioni e ridicole favolette, di cui è piena la moderna storia di Evagrio, ci dà a credere che questi antichi Padri e scrittori avessero avuta a mano un'altra storia più breve, più elegante, e più vera, anzichè quella che oggi esiste col supposto nome di Evagrio.

V. Ciò viene ancora confermato da più ragioni. Ed in prima: non possiamo affatto per-

(1) Act. Sanct. April. die 3 de S. Pancrat. Episc. et Mart.

suaderci che un uomo santissimo e dottissimo, qual era il Beato Teodoro, onde stabilire una verità di massima importanza, e convincere gli eretici, che ostinatamente negavano l'uso e la venerazione delle sacre immagini, avesse tolto argomento da Atti falsi e più che sospetti; nè sembra verisimile che gli altri Padri, e specialmente Cerameo, uomo non meno santo che dotto, avesse voluto esporre dal pergamo al suo gregge di Taormina la storia di S. Pancrazio così piena di errori, che sembra più acconcia a deturpare che a formare i costumi dei Cristiani. Imperocchè i vescovi di qualsivoglia Chiesa, ubbidienti al decreto del Concilio Ecumenico VI (1) solevano avere grandissima cura che non si pubblicassero gli atti dei Santi alterati da finzioni e da favole; anzi procuravano in ogni maniera, che qualora così fossero, venissero cancellati dalla memoria degli uomini e dati alle fiamme.

VI. Ma però quando la invasione dei Saraceni quasi seppellì con una gloriosa morte insieme con la città l'Episcopato di Taormina, e fieramente sconvolse le cose della Chiesa di Sicilia, qualcuno di animo poco sobrio e prudente, cavate dal proprio cervello vanissime cianche, così bruttamente interpolò questo monumento della remota antichità, che la sua fede, l'autorità, e l'eccellenza si videro per la maggior parte in-

(1) Concil. Gener. VI. Can. 63.

frante, debilitate, e quasi estinte. Onde dice
Francesco Scorso: *Evagrio fu discepolo e compagno di S. Pancrazio , ed egli scrisse la
storia del suo maestro, ma volesse Dio che
questa esistesse! potrebbesi allora distinguere
il vero dalle favole; dalle favole dico , che
si trovano nella storia greca manoscritta
col supposto nome di lui, la quale fu tradotta dal greco in latino dal dottissimo gesuita Giacomo Sirmondo a preghiera di Ottavio Gaetano , e la quale , se avrai letto ,
come io feci, avrai letto una favola* (1). Lo
stesso dice il Continuatore del Bollando Daniele
Papebrochio: *gli Atti di S. Pancrazio che e-
sistono manoscritti sotto il nome di Evagrio
suo discepolo, perchè sono non meno favo-
losi che prolissi, non volle Ottavio Gaetano,
benchè li avesse da Sirmondo tradotti in latino, inserire negli Atti de' Santi Siciliani;
nè noi, avendoli trovati in greco tra i Codici Vaticani, li abbiamo reputato degni da
spender danaro per trascriverli* (2).

(1) Evagrius fuit S. Pancratii discipulus et comes , i-
demque Magistri sui scripsit historiam sed ea utinam
extaret! liceret sanc a fabulis vera secernere ; a fabulis
inquam, quæ in historia græce manuscripta, supposito
eiusdem Evagrii nomine habetur , quam ex Græco in
Latinum vertit Jacobus Sirmundus Soc. Jesu vir doctis-
simus Octavii Cajetani rogatu, quam si legeris, quod ego
feci, fabulam legeris.— Not. in Homil. 57. Theoph. Ceram. N. 11.

(2) Quæ S. Pancratii habentur M. S. Acta sub nomine

VII. Tralasciamo d'investigare l'autore di tale alterazione, non avendone testimonianza alcuna fra gli scrittori; pur nondimeno, col medesimo Papebrochio (1) abbiam probabile sospetto che ciò non sia avvenuto per livore o malivoglienza degli eretici, ma per apposito studio de' Monaci Greci di qualche Monastero di Sicilia, o di quello di Grotta Ferrata nell'agro Tusculano; e ciò non già per ingiuria, o per malignità, il che non può sospettarsi in persone cattoliche, ma piuttosto per quella semplicità, per cui uomini anche pii e religiosi, stimavano cosa utile l'adornare le vite de' Santi più celebri con la narrazione di avvenimenti maravigliosi, atti a destare l'ammirazione del volgo ignorante (2).

VIII. Sei Codici MSS. oggi esistono sotto il mentito nome di Evagrio, i quali così nel-

Evagrii discipuli quia non minus fabulosa, quam prolixa sunt, ideo noluit ea Octavius Cajetanus, licet a Sirmundo haberet latine reddita, Actis Sanctorum Siculorum inserere, neque nos græca reperta inter Codices Vaticanos digna censuimus, quibus describendis insumeretur pecunia. —Acta Sanctor. Junii die 6 de S. Eusebia, Zenaid. etc. sub N. 3.

(1) Acta Sanctor. Mens. Maji die 10 de Ss. Alphio, Philadelphio et Cyrino § 3.

(2) La Chiesa avea sin d'allora ovviato agl'inconvenienti di questo zelo indiscreto. Ricordino i lettori il can. 63 del Concilio Ecumenico VI sopra citato, nel quale viene espressamente proibito il pubblicarsi le storie de' santi falsate, e la sollecitudine de' Vescovi affinchè tali falsificazioni fossero eliminate dalla Chiesa.

Nota del Traduttore

l'assieme delle parole come nella narrazione dei fatti, sono fra loro diversi; tutti però corrotti e ridondanti di greca verbosità: i primi cinque sono greci ed in pergamena, l'ultimo **latino** ed in papiro. Di questi, uno trovasi in Messina fra i Codici della Biblioteca del Santissimo Salvatore dell'Ordine di S. Basilio, e contiene cento cinquanta pagine in foglio; di esso fanno menzione Ottavio Gaetano (1), e i Bollandisti (2); e noi trovandoci in Messina, e frugando per ragion di studio gli archivi di quella città, l'abbiamo letto più volte.

IX. Il secondo trovasi in Roma nella Biblioteca Vaticana sotto il N.° 1591, risultante di cento pagine e pieno nella prima parte di lacune, come attesta il Continuatore del Bollando, Daniele Papebrochio, che lo vide e lo lesse (3).

X. Il terzo apparteneva una volta alla Biblioteca del Cardinale Sfondrato; di esso fa menzione il nostro Gaetano (4), illustrando la vita di S. Pancrazio.

XI. Il quarto, mancante di principio, si conserva ancora in Roma nella Biblioteca del Monastero di S. Basilio Magno; la qual Biblioteca

(1) Act. Sanctor. die 10 Maij de Ss. Alphio, Philad. et Cyrino § 3. N. 18. die 6 Junii de Ss. Eusebia, Zenaide etc. sub N. 3 et die 14 Junii de S. Marciano Episc. et Mart.

(2) Tom. 1 Sanct. Sicul. animadv. ad vitam S. Pancrat. N. 4.

(3) (4) Ut supra N. 1.

fu arricchita quasi di aliene spoglie da Pietro Menniti nostro siciliano, Abbate Generale dell'Ordine, che ivi seco trasportò molti de' patrii monumenti.

XII. Il quinto si trova nella Biblioteca di Grotta Ferrata nell'Agro Tusculano, cui di propria mano scrisse Basilio Monaco, siccome egli stesso notò alla fine del libro, aggiungendo queste parole: *Date, o Cristo, fine alle fatiche di Basilio Monaco. Siccome il pane è dolcissimo agli affamati, così l'ultimo verso agli scrittori* (1). Nella parola corrispondente a *versus* il greco esemplare ha il *jota* sottoscritto, affinchè secondo l' usanza de' Greci, per l' ultima parola della scrittura venisse a significarsi ancora l'anno in cui l'amanuense aveva terminato il suo lavoro. Or essendo certo che negli elementi di questa parola non si asconde se non che l'anno del mondo 6676, ed essendo verisimile che Basilio Monaco, il quale scriveva nell'Agro Tusculano, si fosse servito del Periodo Greco-Romano, ne siegue che questo Codice fu scritto l'anno di Gesù Cristo 1182. Imperocchè i Greco-Romani, a guisa degli Antiocheni, stimavano Cristo esser nato nell' anno del mondo 5494; a differenza degli Alessandrini che ne fissavano

(1) Basilii Monachi da Christe finem laboribus. Sicut esurientibus suavis est panis, sic scribentibus ultimus versus.

la nascita all'anno 5504, de' Siciliani che, nel-
l'anno 5508, e de' Costantinopolitani che al-
l'anno 5510 la stabilivano. E quindi errò il
Gaetano, uomo d'altronde dottissimo, ma ignaro
della lingua greca, il quale illustrando la vita
di S. Pancrazio, stimò che questo Codice fosse
scritto all'anno di Cristo 980, non potendosi
questa enumerazione di anni accordare con
nessuno de' quattro periodi de' Greci.

XIII. Il sesto finalmente soltanto in latino
si conserva in Taormina presso l'illustre signor
Gian Battista Camiola. Questo Codice, non ri-
sparmiando fatica alcuna, abbiam noi confron-
tato co' Codici greci, e ci siamo fuor d'ogni
dubbio convinti, che non da essi, ma da altro
più breve ed ugualmente alterato dovett'essere
trascritto.

XIV. Quella istoria di S. Pancrazio che trovasi descritta ne' Breviari Gallo-Siculi, così
stampati come manoscritti, e divisa in nove
lezioni secondo il rito di que' tempi, fu presa
da' riferiti Atti di Evagrio già corrotti; il perchè siccome proveniente da fonte impura, non
può essere più sincera e più genuina del suo
originale. S'inganna adunque, ed inganna al
tempo stesso Francesco Scorso (1), uomo per
altro sommamente erudito, il quale al Breviario Gallo-Siculo attribuisce tanta autorità, da

_____

(1) Not. in homil. 57. Theoph. Ceram. N. 11.

dire con ogni fidanza d' essere le lezioni di questo degni di maggior fede che la stessa storia di Evagrio. E più gravemente errano Placido Reina (1), Stefano Mauro (2), Pietro Menniti (3), ed altri scrittori Messinesi, i quali non ben ponderando l'autorità della storia di Evagrio, s'impegnano con ogni studio a sostenere che in essa non sia incorso alcun errore; e ciò non per alcuna probabile congettura, ma piuttosto per ispirito di parte, stimando che questi Atti di Evagrio molto contribuiscano alla gloria della Chiesa di Messina, la di cui storia aveano preso ad illustrare.

XV. Il Pirri (4) nel tessere il Catalogo dei Vescovi Siciliani, stima che questo Evagrio sia stato vescovo di Taormina dopo S. Pancrazio; ed a lui senz'altro si accordano quasi tutti gli scrittori Siciliani (5). Noi però desideriamo sull'episcopato di Evagrio, una più autentica notizia, che non è quella che il Pirri desunse dagli stessi Breviarî Gallo-Siculi e dagli Atti di Evagrio; i quali, essendo non solo interpolati, ma come mostra la imperita narrazione, del tutto falsi e pieni di errori, non possono attribuirsi se non a qualche scrittore più recente,

(1) Histor. Messan. p. 2. pag. 151.
(2) Messan. Protometrop. pag. 39.
(3) De Epistola Beatæ M. V. ad Messan.
(4) Notit. Eccles. Taurom.
(5) Scorso, Mauro, Aprile, Mongitore, ed altri.

è dippiù ignorante. Ed invero dagli stessi Atti chiaramente si rileva che non è nè vera nè verisimile la ordinazione di Evagrio. Narrano difatto che mentre nostro Signore Gesù Cristo predicava in Gerusalemme, S. Pancrazio aveva tre anni, che ne visse altri settantasette, e che al principio del secondo secolo, sotto Traiano imperatore, consumò il martirio. Aggiungono inoltre, che dopo la gloriosa morte di S. Pancrazio, Evagrio trasferitosi da Taormina a Roma fu consacrato Vescovo da S. Pietro durante il sacrificio della Messa; il che è pienamente falso, sapendosi da tutti che S. Pietro subì il martirio sotto Nerone, il quale imperò assai tempo avanti di Traiano.

CAPO V.

Delle Sante Matrone Esia ossia Eusebia, e Susanna, allieve di S. Pancrazio.

I. Fra gli allievi di S. Pancrazio, che emulando la santità del maestro si resero illustri, tengono non ultimo luogo le celebri matrone Taorminesi Esia ossia Eusebia, e Susanna; di cui celebravasi una volta la memoria presso i Costantinopolitani il giorno 6 di Giugno, ed oggi da tutti i Greci che si servono de' grandi *Menei* per la ecclesiastica officiatura, sotto il giorno 7 dell' istesso mese. Ivi al sopradetto giorno 7 di Giugno si leggono queste parole: *Festa della Santa Martire Zenaide Tauma- turga, e delle Sante Matrone Esia e Susanna, discepole di Pancrazio Vescovo di Taormi- na. Si celebra questa festa nel santissimo loro martirio nel campo di Basilisco* (1).

II. Due cose gli scrittori si son proposte ad esaminare per la illustrazione di questo elogio: l'una è se Zenaide, non meno che Esia e Su- sanna, sia stata istruita dal comune precet- tore Pancrazio; l'altra, che cosa si debba in- tendere sotto il nome di *Martirio nel campo di Basilisco*. Ed in prima: Ottavio Gaetano, che si è tanto distinto nel raccogliere e pub- blicare le vite de' Santi Siciliani, afferma che Zenaide, Esia, e Susanna ebbero ugualmente per maestro l'istesso S. Pancrazio, e così so- stiene che anche la stessa Zenaide appartenga alla Chiesa di Taormina; e ciò tanto nel suo Martirologio de' Santi Siciliani (2), dove dice di celebrarsi in Taormina la festa di queste

(1) Sanctæ Martyris Zenaidis Taumaturgæ, et Sancta- rum Matronarum Æsiæ et Susannæ discipularum Pan- cratii Episcopi Tauromenii. Celebratur autem eadem Fe- stivitas in sanctissimo earum Martyrio in agro Basilisci.

(2) Martyr. Sicil. die 7 Junii.

tre Sante, e le appella indistintamente discepole di S. Pancrazio; quanto nell' opera sulle vite de' Santi Siciliani, dove le chiama Martiri Taorminesi (1). E quì con ogni studio si sforza a dimostrare, che i Greci nell'elogio sopradetto vollero distinguere alquanto l'una dalle altre, perchè Zenaide, assai più che Esia e Susanna ugualmente martiri, fu celebre per la singolare dote della verginità, e per grande fama di miracoli.

III. Questa sentenza del Gaetano senza maggiori ricerche han seguito molti scrittori: Francesco Scorso (2), Filippo Ferrari (3), il quale aggiunge che vissero sotto Trajano Imperatore, Filippo Carrera (4), e dopo gli altri Antonio Mongitore (5).

IV. Però il continuatore di Giovanni Bollando, Daniele Papebrochio, del quale i cultori della sacra erudizione meritamente ammirano l'esatta diligenza, le lodevoli fatiche, ed il penetrante giudizio nell'esporre gli Atti de' Santi, si oppone eruditamente al Gaetano ed a' suoi seguaci. E di fatti stabilendo un' argomentazione congetturale su queste Sante Zenaide,

(1) Tom. 1. pag. 23.
(2) In homil. Theoph. Ceram. proem. 1. § 2.
(3) Cathalog. Sanctor. qui in Martyrolog. Rom. non sunt die 7 Junii.
(4) Pantheon. Sicul: die 7 Junii.
(5) Add. ad Pirr. not. Eccl. Taurom. ad ann. 46.

Esia, e Susanna (1), ben maturate le parole de' *Menei*, asserisce che mal s'intendono a determinare la comunanza di Zenaide con Esia e Susanna; nega quindi ch'essa appartenga alla Chiesa di Taormina, e che sia stata giammai discepola di S. Pancrazio. Adduce per conferma il graziosissimo *Sinassario* manoscritto della Chiesa Costantinopolitana, che appartiene al Collegio de' Gesuiti di Parigi, detto prima Chiaramontano, ed ora di Luigi il grande. Nel quale al giorno 7 di Giugno si enumerano in primo luogo cinque Sante Vergini Maria, Marta, e tre socie innominate; poi le due Matrone Taorminesi Esia ossia Eusebia, e Susanna; e in ultimo vien ricordata la stessa Zenaide con tal singolare elogio che nulla sembra avere di comune con le precedenti, fuorchè il giorno della solennità, ed il culto nell'identico tempo ad esse prestato dalla Chiesa Greca (2).

V. A questo può meritamente aggiungersi il sacro Gineceo, ossia Martirologio delle Sante e Beate Donne, disposto da Arturo del Monastero, il quale pone la stessa Zenaide separatamente da Esia e Susanna, anche riguardo al

---

(1) Act. Sanctor. Bollandi die 6 Junii.
(2) Certamen Sanctarum quinque Martyrum, Mariæ, Marthæ et sociarum. Et certamen sanctarum Matronarum, Eusebiæ, atque Susannæ discipularum Sancti Pancratii Episcopi Tauromenii, et Sanctæ Martyris, atque Taumaturgæ Zenaidis.

giorno della solennità. Ed in fatti riporta le sante Esia e Susanna al giorno 7 di Giugno, dicendole allieve di S. Pancrazio e Martiri di Taormina sotto Traiano Imperatore, e colloca Zenaide, sull'autorità del Menologio di Sirleto, al giorno 5 dell'istesso mese insieme con Ciria, Valeria e Marcia, martiri di Cesarea in Palestina. Accordandosi adunque i *Menei* stampati e il *Sinassario* manoscritto, con gli altri monumenti della sacra antichità, stimiamo non esser dubbio, che Esia ossia Eusebia e Susanna soltanto, e non già Zenaide, sieno state allieve di S. Pancrazio, e da lui confermate nella fede e nella santità.

VI. A quanto finora abbiamo detto sembra opporsi la tradizione della Chiesa di Taormina, la quale ritiene, e venera come sua Zenaide, non meno che Esia e Susanna, avendo in loro onore dedicato una cappella dentro la Chiesa del Monastero di S. Maria di Valverde, e celebrandone la festa al giorno 7 di Giugno. Però questa tradizione non è di tanta importanza, che possa fornire un argomento di tal sorta, non essendo più antica del secolo passato; giacchè cominciò ad aver vigore presso i Taorminesi dopo la pubblicazione del Martirologio Sicolo del Gaetano, e s'introdusse con la medesima facilità con cui altri santi per lungo tempo sconosciuti, cominciarono allor primamente ad essere venerati e celebrati dai

Siciliani. Abbiam detto finora del numero delle sante donne appartenenti alla nostra Chiesa di Taormina; diciamo ora delle parole *Martirio nel campo di Basilisco*, dove la solennità delle medesime Sante era solita celebrarsi.

VII. In fatti i grandi *Menei* dei Greci, dopo cennata la commemorazione di queste Sante Donne, immediatamente soggiungono, che si celebra la loro festa *nel loro santissimo Martirio nel campo di Basilisco* (1). Che per la voce *Martirio* non s'intenda il luogo dove queste sante donne finirono gloriosamente la vita, ma la chiesa ad esse dedicata, cel dimostra il *Sinassario* Costantinopolitano sopracitato, il quale invece della parola *Martirio* adopera la voce *Cappella*. (2).

VIII. E certamente chi voglia alla voce *Martirio* attribuire un senso diverso, debb'essere o poco versato nella lettura de' Padri, o per fermo così trascinato dallo studio di parte, che si mostri assai ben lontano dal desiderio di ricercare la sola verità; mentre quasi tutti i Padri della più remota antichità ebbero in costume, giusta l'uso de' Greci, d'usurpare la parola *Martirio* nel senso di *Chiesa*. Si possono

(1) Celebratur autem earum festivitas in Sanctissimo earum Martyrio in Agro Basilisci.

(2) Celebratur autem carum festivitas in sanctissimo earum sacello, quod est in aedibus Basilisci.

consultare S. Atanasio (1), Eusebio di Cesarea (2), S. Girolamo (3), S. Giovanni Grisostomo, o qualunque sia l'autore dell'Opera imperfetta sopra S. Matteo (4), Evagrio Scolastico (5), S. Isidoro (6), e tralasciando gli altri, il Concilio Calcedonese (7), il quale ha queste parole : *Clerici in Parochiis, Monasteriis, aut Martyriis constituti, sub potestate sunt ejus, qui in ea civitate est Episcopus.*

IX. Che questa chiesa, nella quale era solito darsi il culto alle Sante Martiri Taorminesi, non era in Sicilia, ma in Bizanzio, il dimostra chiaramente l'eruditissimo scrittore della Storia Costantinopolitana, Carlo Dufresne (8); il quale descrivendo tutti i tempii dedicati in quella regale città a' Santi Martiri, annovera la chiesa intitolata *alle Sante Donne Exia e Susanna discepole di S. Pancrazio Vescovo di Taormina*, ed aggiunge che questo tempio era nella *possessione di Basilisco;* la quale, come narra Glica, grave ed antico

---

(1) In Epistola Synod. Jerosol. edita in Apologia contra Arianos N. 48.
(2) Comment. in Psalm. 87.
(3) In vita S. Hilarionis Monachi.
(4) Homil. 45. Cap. 23.
(5) Histor. Eccles. lib. 2.
(6) Orig. lib. 15. Cap. 4.
(7) Concil. Gener. 4. p. 1. Cap. 8.
(8) Histor. Constant. lib. 4. Cap. 7. N. 32.

scrittore, fu detta così da Basilisco Imperatore, che dopo la sua elevazione all'impero, avendo ridotto a forma più elegante la casa in cui da privato Patrizio aveva abitato, dal suo nome la chiamò *Palazzo di Basilisco* (1). Essendo poi il detto palazzo per l'ingiuria del tempo distrutto, il luogo dov'era sito ritenne il nome di Basilisco, ed ivi furono erette tre chiese: una in onore delle predette Donne Taormincsi, la seconda de' Santi Cosma e Damiano, e la terza di S. Trifone; così dopo Zonara riferisce Codino (2).

X. Fu necessario l'esporre e dimostrare tutto questo, affinchè non sembrasse che volessimo dissimulare ciò che opina Carlo Morabito, autore degli Annali della Chiesa di Messina. Il quale non avendo difficoltà di arricchire di aliene spoglie la patria sua, non solo pretende che i Santi di luogo incerto debbano cedersi alla Chiesa di Messina, come a primo occupante (3), ma ardisce con tutta fidanza d'attribuire a sè queste nostre sante donne (4); e ciò per la sola ragione, che avea letto in M. Tullio (5) d'essere esistita un tempo in Messina la grandissima e ricchissima casa di

---

(1) In Basilisco Imperat. pag. 264.
(2) In orig. pag. 47.
(3) Annal. Eccles. ad ann. Chr. 151. sub N. 2.
(4) Loc. cit. ad ann. Chr. 99. N. 3.
(5) In Verr. lib. 4 Orat. 3. 9.

Pompeo Basilisco. E frattanto ignorando, o fingendo d'ignorare, che fu veramente in Costantinopoli il luogo detto di *Basilisco*, e che la parola *Martirio* non significa la gloriosa morte, ma sibbene la Chiesa consacrata a' Martiri, stoltamente stima essere derivato a quel luogo il nome di Basilisco dalla persona del Messinese così nominato, e che ivi le sante donne Esia e Susanna avessero consumato il martirio.

CAPO VI.

Di Epafrodito, Neofisto, Benedetta, Paolina, Seja e Maria altri discepoli di S. Pancrazio.

I. Oltre di Evagrio, Esia, e Susanna, la di cui storia abbiamo sopra narrato, altri discepoli ebbe S. Pancrazio, i quali religiosamente e santamente vivendo, si mostrarono non indegni di un tanto Maestro. Fra questi non ultimo luogo tengono Epafrodito Prete, Neofisto Diacono, Benedetta Diaconessa, Paolina Vergine, Maria e Seja Martiri.

II. Epafrodito, prima detto Xantippo, fu filosofo illustre, e a niuno secondo fra gli uomini dottissimi di quel tempo. Chiamato da S. Pancrazio alla fede di Cristo, insieme col nome

cangiò tenore di vita. Lasciato pertanto il nome di Xantippo, cominciò a chiamarsi Epafrodito, e tanto si avanzò nella professione della virtù cristiana, quanto prima si era innalzato nello esercizio dell' umana sapienza. Dal medesimo S. Pancrazio, per impulso del Divino Spirito, consacrato sacerdote, scorrendo pei campi e pe' monti, predicò solerte il Vangelo ai popoli circostanti, e con prospero successo e copiosissimi frutti si unì socio e ministro all'istesso S. Pancrazio nel disseminare dapertutto la verità della fede. Così attesta l' antico e grave scrittore Gregorio Bizantino, monaco del secolo IX nel panegirico che recitò in onore di S. Pancrazio in Taormina (1).

III. Gli Atti di S. Pancrazio, che vanno sotto il nome di Evagrio, aggiungono che Epafrodito, mentre attendeva alla predicazione del Vangelo, trapassò i confini del Vescovado di

---

(1) Rebus ita procedentibus, Sanctus intuens divini operis incrementa, neque eligendum existimans primarios cives salutari eruditione imbuere, rusticanos vero negligere Chrismate derelictos, Epaphroditum doctrina divina instructum, eaque tradenda idoneum (is enim hominibus videbatur Epaphroditus) adduxit in medium eique manibus impositis, Sancto Spiritu accedente, sacerdotem instituit, et ad rusticanos delegavit; quibus salutis viam praedicaret, ac libertatem a servitute donaret, ad lucis reformationem iuxta Davidis praeconium transmutatis. Siquidem Pancratio Duce de die in diem Dei populus augebatur, et ad pietatem ab impietate accedebat.

Taormina segnati dagli Apostoli, ed esercitò
l' ufficio sacerdotale nella Diocesi di Siracusa
contro gli ordinamenti stabiliti, senza aver
prima chiesto il permesso da S. Marciano; e
parlano di lettere scritte su questo argomento
da S. Marciano a S. Pancrazio, e da S. Pancrazio a S. Marciano; ma per questa sola narrazione, la quale dimostra essere lo scrittore
degli Atti d'una data assai recente ed imperito,
abbiam noi dichiarato false ed apocrife queste
lettere nell'Appendice del primo volume del
Codice Diplomatico di Sicilia (1).

IV. Tra quelli che illustrarono la nascente
chiesa di Taormina con lode di dottrina e di
pietà, fu ancora Neofisto, il quale ancor giovine mostrava senno da vecchio. Non gli man-
cava infatti nè una eminente prudenza, nè un
ingegno perspicace, nè temperata sobrietà, nè
religione esimia. Aveva appreso così perfetta-
mente ogni ramo di erudizione greca e latina,
sacra e profana, che sembrava di essersi tutto
dedicato a ciascuna di esse soltanto. Elevato
da S. Pancrazio all'ufficio del Diaconato, attendeva diligentemente di notte e di giorno alle
divine lodi, finchè munito del Sacro Viatico
si riposò in pace, e fu visto in forma di co-
lomba volare al paradiso.

V. Benedetta era sacerdotessa della impura

Diana , e chiamavasi di nome *Crista*. Costei essendo da S. Pancrazio guarita dalla lepra , volle dalle tenebre della idolatria passare al lume della fede , e lasciato il proprio nome, prese l'altro di Benedetta. Ripudiato adunque l'empio culto degl'Idoli , fu istruita nella dottrina cristiana ; e rigenerata nel santo battesimo, ed elevata all' ufficio di Diaconessa , di propria mano spezzò i simulacri a cui prima avea servito: ed innalzando al vero Dio il cuore, ed a Lui dedicando ogni pensiero ed ogni opera, nulla d'allora in poi più fece che non fosse congiunto colla religione e la pietà : presedette con onore al Collegio delle Vergini di Taormina, il più antico fra tutti , e gli fu di assai giovamento per la esimia integrità dei costumi.

VI. Del medesimo ordine delle Vergini Diaconesse fu la Beata Paolina, la quale lodevolmente eseguendo il suo ufficio, così coi suoi consigli aiutò, e colle esortazioni confermò le sacre vergini , mentre contro di loro imperversava la persecuzione dei tiranni, che queste vollero piuttosto subire il martirio che perdere la verginità a Dio consacrata: e l'istessa Paolina poi , fatte ad esse secondo l' uso dei cristiani le funebri esequie , diligentemente e con quanto più onore potè, diede alla sepoltura i loro corpi.

VII. Fra queste vergini spente con glorioso

martirio, delle 'quali grandemente e giusta-
mente si onora la Chiesa di Taormina, meritano notarsi le sorelle Maria e Seja, distinte
per bellezza, ma assai più illustri per la pudicizia. Queste, rifiutate le nozze di molti nobili, consacrarono la loro verginità a Cristo,
indotte a ciò da S. Pancrazio, da 'cui erano
state istruite nella fede e battezzate. Ma Elido,
secondo Prefetto della città, che bramava la
mano di Seja la minore di età, non avendo
potuto indurla nè con blande e lusinghevoli
preghiere, nè con crudeli asprezze di minac-
cie, nè con arti magiche; ed anzi vedendola
tanto più accesa a custodire costantissimamente
la verginità a Dio consacrata, quanto più egli
si sforzava a distoglierla dal santo proposito,
perduta ogni speranza, la fece prima batterc,
con crudelissimi flagelli, e poi decapitare, insieme con la sorella Maria, la quale alla stessa
Seja aveva dissuaso le impudiche nozze.

VIII. Ciò che finora abbiam detto di questi
illustri discepoli di S. Pancrazio, l'abbiamo appreso dagli Atti di lui manoscritti, attribuiti
ad Evagrio; dei quali bisogna che ci conten-
tiamo finchè non abbiamo notizie più vere e
più pure: e ciò massimamente perchè le cose
narrate sembrano di tal natura che non pre-
sentano sospetti di falsità, e sono approvate
da Ottavio Gaetano nella illustrazione della vita
di S. Pancrazio (1). E niuno certamente nc-

(1) Tom. 1. Sanctor. Sicul. in vita S. Pancratii.

gherà che in essi alle cose false si congiungono delle vere ; essendo questa l' artificiosa scaltrezza degl'impostori, l'unire le cose false alle vere, le vere alle false, per cattivarsi indistintamente la fede dei semplici.

CAPO VII.

—

Dello stato della Chiesa di Taormina sotto la persecuzione di Decio.

I. Dopo una lunga pace di che godettero i Cristiani , eccitò Decio una terribile e assai sanguinosa persecuzione. Non appena fu questi assunto all'impero, che spinto da immane crudeltà dedicossi tutto quanto a vessare i Cristiani. Non risparmiò nella sua ferocia niuna provincia, niuna città, niuna condizione di persone; non distinguendo nè uomini nè donne, nè giovani nè vecchi, nè donzelle nè matrone, nè nobili nè plebei (1). Che anzi non contento degli argomenti di tortura sino allora usitati, escogitò nuovi tormenti ; poichè fu egli quel crudele , il quale affinchè più lungo fosse il patimento de' confessori di Cristo, con maggior

(1) Euseb. Histor. Eccles. lib. 6. cap. 39, et lib. 7, cap. 11.

cura ne medicava le ferite; e così quanto più
mite era nel curarli, tanto più crudele ne pre-
parava il martirio : a' Cristiani che desidera-
vano morire non permetteva che venissero uccisi, ma tanto comandava che fossero dilaniati,
finchè o giungesse a vincere lo spirito de' deboli, o mettesse a più gravi tormenti la carne
de' forti (1). Fu perciò che la Chiesa in questa crudele persecuzione dovette ammirare la
invitta costanza di molti martiri , e piangere
inconsolabilmente la detestabile caduta di quelli
che furon detti Libellatici ; siccome attestano
S. Cipriano (2), e S. Dionisio Alessandrino (3),
testimoni contemporanei ed oculari.

II. Degli uni e degli altri ebbe la Sicilia,
giacchè sotto la immane persecuzione di Decio, vi furono de' martiri gloriosi che si acquistarono la corona sempiterna, e de' libellatici
indegni, i quali ricevendo da' magistrati gentili un libello di salvocondotto , declinavano
con esso la persecuzione ; ma questi , tornati
poscia a più sano consiglio, detestarono lodevolmente l' errore : sul ritorno de' quali alla
Chiesa, il Clero Romano , trovandosi vuota la
Sede Pontificia per la morte del Papa Fabiano,
spedì delle lettere ed a' nostri Siciliani, ed a
S. Cipriano (4).

(1) S. Cyprian. Epist. 56.
(2) Lib. de lapsis.
(3) Apud Eusebium cit. lib. 6. cap. 41.
(4) Apud S. Cyprianum Epist. 11, postremæ editionis.

III. I Taorminesi, non meno che gli altri popoli della Sicilia, subirono i terribili effetti di questa violenta persecuzione di Decio, eseguendo crudelmente i crudelissimi editti dell' Imperatore, Quinziano e Tertullo Prefetti di Sicilia; come prova la storia di S. Nicone e compagni, e de' Santi Alfio, Filadelfio e Cirino, le cui gesta crediamo opportuno, se non interamente, almeno per sommi capi cennare.

IV. Ed in prima: S. Nicone, Napolitano di origine, nacque da padre gentile, ma da madre cristiana. Fu avvenente di aspetto, di animo forte, innocente di costumi; e seguiva più volentieri gli avvertimenti e gli esempi della pia genitrice, che quelli dell'empio genitore. Trovandosi vicino ad una forte battaglia, e riconoscendosi inferiore di forze, memore de' materni consigli, alzò gli occhi al cielo, e munitosi del santo segno della croce, si scagliò in mezzo a' nemici : de' quali parte ferì di spada, parte abbattè con l'asta, parte mise in fuga; nè si ritirò dalla pugna se non quando li sbaragliò tutti quanti, empiendo di somma ammirazione i suoi commilitoni, i quali non avevan giammai nè udito nè veduto simiglianti prove di valore.

V. Per questa vittoria non s'insuperbì Nicone, ma fatto più umile, fu acceso da grande desiderio di abbracciare la religione cristiana. Ne consultò pertanto la madre, e da lei confermato nel santo proposito, si dipartì dai varii errori dell'Idolatria e si convertì alla fede. Quindi lasciata la patria, ne andò in Costantinopoli, ed ivi, avvisato da un angelo, si condusse al monte Gano, dove trovato il Vescovo, venne da lui catechizzato ed istruito nei santi misteri, ricevette il santo Battesimo, e creato prima sacerdote, poi vescovo, ossia abbate, fu preposto al governo di cento novantanove monaci. Tornò poscia coi suoi in Napoli, ma affinchè più liberamente da sconosciuto potesse servire a Dio, abbandonata la patria e valicato lo stretto, insieme coi suoi venne in Sicilia, e tutti stabilirono la loro sede in Taormina presso il fiume Asine. Qui stettero finchè furono disturbati dall'empio prefetto di Sicilia Quinziano, di cui nella storia di S. Agata si fa frequente menzione, il quale adirato per la loro religione, e pieno di furore, perchè costanti nella fede liberamente detestavano il vano culto degli Dei, li condannò tutti quanti alla morte.

VI. Vien descritta questa istoria nei libri ecclesiastici dei Greci sotto il giorno XXIII di Marzo; i quali furono seguiti da Ottavio Gaetano nella illustrazione dei Santi Siciliani (1), e dopo lui dai Bollandisti (2), ai quali dippiù siamo debitori degli Atti greci del martirio di questi Santi, scritti da Cheromeno Siracusano

(1) Tom. I. Sanct. Siculor. pag. 44.
(2) Act. Sanctor. Mens. Martii die 23.

loro condiscepolo. Questi atti furono per la prima volta pubblicati dagli stessi Bollandisti sopra un doppio codice manoscritto, Vaticano ed Ambrosiano; han bisogno però di essere purgati da quegli errori, che v'intruse la semplicità o la stupidità degli amanuensi.

VII. E per tacere di tutti gli altri errori, basti notare ciò che si dice di Teodosio Vescovo degli Emeseni; cioè, che dopo consumato il martirio dei Santi, questo Vescovo, *preso con sè il suo clero con ceri e turiboli*, cercò le sacre reliquie, le trovò, e diede a loro onorevole sepoltura. Come si accorda il fatto di Taormina in Sicilia con Emesa nobile città della Siria? E sebbene gli eruditissimi continuatori del Bollando nelle note a questi atti, per la voce corrotta *Emeseni*, dicono doversi intendere i Taorminesi, pure nè anche sembra credibile, che in tempo di fierissima persecuzione fosse lecito al Vescovo ed ai chierici lo andare in processione con ecclesiastica pompa, per più di due miglia, e seppellire sollennemente i corpi dei Martiri, i quali per la sola confessione della Fede Cattolica avevano subìto il martirio.

VIII. Questi atti, qualunque sia la fede che meritano, sono citati ancora da Francesco Maria De Aste nella sua edizione del Martirologio Romano; ma vi corregge il Cardinal Baronio circa il luogo del martirio ed il numero dei socii. E ben a ragione; imperocchè il Menologio dei Greci, della cui sola testimonianza si servì il Baronio, non porta che nove socii col loro capo Nicone fossero martirizzati in Cesarea di Palestina, ma cento novantanove in Taormina di Sicilia; e si accordano in questo gli altri libri ecclesiastici dei Greci, e specialmente i grandi *Menei*, nei quali, giusta il costume de' Greci si contiene l'intiero officio di questi martiri con i Vespri, il Sinassario, ed il Canone. Riportiamo qui le parole dello stesso Menologio dall'ultima accuratissima edizione del Cardinale Annibale Albano: « *Nel mese di Marzo al giorno 23 si celebra la morte del Sacrosanto Martire Nicone, e di cento novantanove socii Martiri. Questi fiorì al tempo di Quinziano Prefetto; era oriundo da Napoli, nato da madre cristiana, ma da padre greco. Datosi alla milizia, e sovrastando un pericoloso combattimento, con gravi gemiti pregò: Signore Gesù Cristo, Dio di mia madre, aiutatemi; e così diede prove di grandissimo valore. Poscia ritornando, informò la madre del suo proposito, ed avvisato da un Angelo si condusse al monte Gano, dove trovato in una spelonca il Vescovo, e da lui battezzato, vi rimase per dieci anni, e finalmente fu dal medesimo creato Vescovo. Poscia fu da lui preposto al governo di cento novantanove Mo-*

naci. La fine della sua, vita fu questa: a-
vendo conosciuto per divina rivelazione che
quel monte dovea essere devastato da' gentili,
presi con sè i Monaci se ne andò in Miti-
lene, e poscia venne in Italia, dove avendo
riveduta la madre, dopo la di lei morte passò
nel monte di Taormina, dove .abitò finchè il
Preside scopertili li fece decapitare » (1).

IX. Abbiam detto sinora di S. Nicone e socii
Martiri, diciamo ora, de' santi fratelli Alfio, Filadelfio, e Cirino. Questi Santi, nobili Guasconi,
figli di Vitale e di Benedetta, nella persecuzione di Decio, presi perchè pubblicamente pro-
fessavano la Religione Cristiana, e legati, furono
condotti in Roma presso l'Imperatore; il quale

(1) **Mense Martio die 23.** Certamen sacrosancti Martyris
Niconis et centum nonagintanovem sociorum Martyrum.
Hic temporibus Quintiani Præfecti fuit, Neapolitana ex
regione oriundus, matre christiana, patre vero græco natus. Cum autem militaret, et periculosum certamen in-
staret, graviter ingemiscens ait : Domine Jesu Christe Deus
matris meæ adiuva me, atque ita viro forti digna facinora
edidit. Postea reversus cum de proposito suo matrem cer-
tiorem fecisset, ab Angelo sibi apparente edoctus, ad Gani
montem profectus est. Ibi in speluncam Episcopum nactus, ab eoque baptizatus, decennium mansit; ac demum
Episcopus ab eodem ordinatus fuit. Post hæc Monachis
numero centum nonagintanovem præfectus ab eodem fuit.
Sic autem finem vivendi fecit. Cum enim divina revela-
tione cognovisset a gentilibus montem esse vastandum ,
acceptis Monachis Mitilenem discessit, deinde in Italiam :
ubi cum matrem invisisset atque demortuæ funus curasset,
in Tauromenii montem transiit, ibique cum discipulis suis
habitavit. Præses autem eos deprehendens decollavit.

essendo sul punto di partire per la guerra in Oriente, li rimandò per essere esaminati a Licinio Valeriano. Trovati da questo costanti nella fede, furono mandati sotto la scorta di Silvano a Tertullo Prefetto di Sicilia, che era succeduto a Quinziano, e che in quel tempo tiranneggiava Taormina. Tertullo esaminò la loro fede, e non potendoli vincere con lusinghiere persuasioni, fatta rader ad essi la testa, untili di pece e di piombo liquefatti, e caricatili di pesanti catene, li mandò in Leonzio, in quel tempo celebre e grande città della Sicilia, dove egli fra breve dovea condursi. E qui all'arrivo del Principe, questi santi fratelli, per la confessione della Fede Cattolica vessati con molti e replicati tormenti, in freschissima età ricevettero la corona d'un illustre martirio.

X. Abbiamo attinte queste notizie dal Menologio dei greci, dal Metafraste, e dagli Atti dei medesimi Santi Martiri, giusta il più sincero riassunto, di cui si è servita la Sacra Congregazione dei Riti nel disporre l'ecclesiastico ufficio degli stessi santi. Noi non neghiamo che gli Atti di questi Santi Martiri, trovati nel Codice manoscritto di Grotta Ferrata nell'Agro Tusculano, siano antichissimi; essendo scritti dal monaco Basilio, nel mese di Dicembre, Ind. VIII. Ciclo della Luna XIII. l'anno del mondo 6473: cioè l'anno di Cristo 979, giusta il periodo Greco-Romano che seguì l'au-

tore scrivendo nell' Agro Tusculano. Però non possiamo nè anco negare che questi Atti sieno pieni di tali e tanti errori che bisogna esser greco o ignaro della sacra erudizione chi voglia affidarsi intieramente ad essi.

CAPO VIII.

—

De' Santi Martiri Sepero, Corneliano ed altri sessanta.

I. Vi sono nella Chiesa alcuni Martiri, dei quali volle Iddio che gli atti genuini e sinceri fossero noti agli uomini; altri, la di cui memoria a lui solo conosciuta, da noi interamente si perdesse; altri finalmente, a cui ha voluto che fosse prestato il sacro e pubblico culto, rimanendo ignota la storia delle loro gesta. Al numero di questi, di cui perduti gli atti, rimane solo la memoria, appartengono Sepero, Corneliano, ed altri sessanta innominati, dei quali quanto è certo che consumarono in Taormina il martirio al giorno VIII di Luglio, tanto è sconosciuto in qual anno precisamente, in quale persecuzione, con quali tormenti abbiano terminato la vita.

II. Trattano in fatti di questi Santi i Martirologii di S. Girolamo al citato giorno VIII di Luglio , il Corbiense maggiore pubblicato da Luca Dacherio (1), e il Lucense pubblicato per opera di Francesco Maria Fiorentino (2). Quello di Anversa, ed il Corbiense più breve, pubblicati dal medesimo Fiorentino, sono poco differenti dagli anzidetti, mentre invece di Sepero scrivono Severo , e invece dei sessanta innominati, anteponendo il numero X segnano quaranta (3).

III. Il Notkero, ossia Notgero, monaco di San Gallo, nel suo martirologio pubblicato presso il Canisio (4), evitò l'errore del numero, ma non già l'alterazione del nome del primo martire, scrivendo *Spero* in luogo di *Sepero*.

IV. Ottavio Gaetano, il quale non vide i martirologii di S. Girolamo, nel suo dei santi Siciliani seguì le orme di Notkero, scrivendo anch'egli *Spero* (5); e così ancora Filippo Ferrari nel suo Catalogo dei Santi che non sono nel Martirologio Romano (6).

(1) In Taurominio Seperi Corneliani cum aliis sexaginta. —Spicil. veter. scriptor : Tom. 4.

(2) In Taurominio Seperi , Corneliani cum aliis sexaginta.—Martyrol. Occid. Eccl.

(3) In Tauromino Severi, Corneliani et aliorum XL.

(4) In Tauromino Speri, et Corneliani cum aliis sexaginta.

(5) Tauromenii Ss. Speri et Corneliani et aliorum LX Martyrum.—Idea operis de vitis Ss. Siculor. pag. 124.

(6) Tauromenii in Sicilia Ss. Martyrum Speri , Corneliani, et aliorum sexaginta.—Die VIII Mensis Julii.

V. Il testè citato Filippo Ferrari aggiunge inoltre nelle note, che questi martiri apparten-gono alla crudele persecuzione di Diocleziano, non appoggiato ad altri monumenti dell'anti-chità, ma solo ai medesimi martirologii di No-tkero e del Gaetano, non bene in questa parte esaminati. Il Gaetano difatti, autore del Mar-tirologio Siciliano, disse più chiaramente nella sua opera dei santi Siciliani, che il tempo del martirio di questi Santi gli era del tutto igno-to (1). Poterono adunque questi Santi meritare la corona del martirio e nella persecuzione di Decio, che non meno di quella di Diocleziano infierì nella Sicilia, o in qualunque altra con-simile.

VI. Più cautamente si condusse il continua-tore del Bollando Giovanni Battista Sollerio (2), il quale seguendo i Martirologii di S. Girola-mo, riporta ad un'epoca incerta i sudetti Santi Sepero, Corneliano e gli altri sessanta anoni-mi. L'istesso Sollerio comprende ancora nel suo elogio Pramiano Martire, non già perchè appartenga a Taormina, ma perchè crede che in Sicilia, quantunque ne sia incerta la città, avesse consumato il martirio. Non mancano però di quelli che confondendo Pramiano con Pancrazio, lo attribuiscono a Taormina; tanto più che non è costante in tutti gli esemplari

(1) Tom. 1, pag. 123.
(2) Act. Sanctor. Julii die VIII.

del Martirologio di S. Girolamo il nome di Pramiano, ma in alcuni dei più antichi leggesi
Pancrazio. Sono da consultarsi il sopracitato
Martirologio Corbiese maggiore, quello di Au-
gusta pubblicato dal medesimo Sollerio (1), e
il Gellonense, messo in luce da Luca Dacherio (2).

VII. Checchè ne sia circa il vero nome del
Martire, certo però è che questo santo non
deve confondersi con Pancrazio, autore primario
della Chiesa di Taormina; al quale non solo
nei sopracitati codici di S. Girolamo, ma in
quasi tutti gli antichi martirologii latini, si assegna il giorno proprio al III di Aprile. Si rilegga ciò che abbiamo scritto parlando del medesimo S. Pancrazio.

CAPO IX.

—

Della venuta di S. Felice e de' SS. Lucia e Geminiano in Taormina.

I. Promulgati in Africa gli empii editti dei
tiranni Diocleziano e Massimiano che bandivano
la persecuzione dei cristiani, S. Felice Vescovo

---

(1) Act. Sanctor. Junii Tom. 7, part. 2, pag. 15 et segg.
(2) Spicil. Veter. Script. tom. 13, pag. 388.

di Tibiura, avendo presso sè la Sacra Bibbia, e costantissimamente ricusando di consegnarla al governatore Magniliano, fu mandato sotto la scorta di Vincenzo Celsino Decurione di quella città, per render ragione della sua condotta ad Anolino Proconsole della Provincia. Questi trovando inutili le minacce e le lusinghe onde abbattere la costanza del Santo Vescovo, lo mandò al Prefetto, il quale, trovandolo anch'egli perseverante nel suo proposito, comandò che digiuno e carico di catene, fosse condotto a Roma presso gl'Imperatori. La nave partita dall'Africa, o per caso, o così disponendo la Divina Provvidenza, venne in Sicilia, e dopo visitate alcune città, finalmente nel mese di Agosto dell'anno 303 approdò in Taormina, città in quel tempo celebre, e che professava la fede cristiana: e qui S. Felice fu con grandissimo onore accolto dai fratelli. Indi valicato lo stretto, e condotto in Italia, per la venerazione dei Santi Libri morì Martire, ornando così col proprio sangue la stola sacerdotale.

II. Apprendiamo questa storia dagli Atti del medesimo S. Felice, (1) i quali sono cosiffatti

---

(1) Tunc Felix Episcopus ascendit navim cum vinculis magnis, et fuit in capsa navis diebus quatuor. Volutatus sub pedibus equorum panem et aquam non gustavit: jejunus in portum pervenit, et in civitate Agrigento exceptus est a fratribus cum summo honore: inde venerunt in civitatem nomine Catanam; ibi similiter sunt excepti.

che vengono reputati per genuini anche dai più
rigidi critici del nostro tempo. Della venuta di
S. Felice in Sicilia si fa memoria inoltre nel
Martirologio del Venerabile Beda pubblicato dai
Bollandisti (1), il quale è più sincero di quello
che tra le opere di Beda era a lui attribuito;
e da questo nel giorno della festa soltanto dif-
feriscono quelli di Usuardo, di Adone, del Ga-
lesinio, del Ferrari e del Baronio, presso i quali
il giorno natalizio del medesimo Santo si celebra il giorno XXIV di Ottobre, e nel martirologio genuino di Beda il giorno XXX di
Agosto.

III. Nello stesso tempo illustrarono la Chiesa
Lucia nobile matrona romana e Geminiano di
lei figlio, generato non nella carne ma nello
spirito; i quali dopo di avere sofferto costantissimamente lunghe prigionie, molte battiture,
l'olio bollente, ed altri crudelissimi generi di
tormenti, trasportati per divino consiglio in Sicilia, e deposti in Taormina, compirono il glorioso martirio che aveano cominciato in Roma,
Geminiano percosso di spada, e Lucia rendendo
in pace lo spirito a Dio. Così ci attesta la storia di questi santi Martiri, che con breve ed

Inde Messanam venerunt: inde Tauromenium: ibi similiter sunt excepti. Postea fretum navigaverunt in partes
Lucaniæ civitatem. — Apud Ruinart. act. Sincera et genuina Martyr.
(1) Acta SS. Martii Tom. 1 in princip.

elegante narrazione trovasi sotto il giorno XXVII Settembre nel Menologio dei Greci compilato per ordine di Basilio imperatore , ed il quale fu dato alla luce in greco ed in latino nel 1727 dal Cardinale Annibale Albano. Ecco le sue parole : « Festa dei Santi Martiri Lucia vedova e » Geminiano di lei figlio spirituale. Lucia Martire » visse in Roma sotto Massimiano, e fu illustre » per nobiltà e per ricchezze. Giunta al settan- » tesimoquinto anno di età dopo il trentesimo » sesto di vedovanza, impegnandosi di ridurre » alla fede cristiana il proprio figlio Eutropio, » che era addetto alla superstizione degl'idoli, » tanto poco riuscì nella impresa, che quegli » piuttosto denunziò la propria madre a Massi- » miano . Il perchè fu presa , e non volendo » sacrificare agl' idoli, fu gettata in una cal- » daia piena di piombo e di pece bollenti. Ma » di là uscita incolume, venne tradotta e por- » tata in giro per la città, e sferzata. In tale » stato le venne incontro S. Geminiano, il quale » la seguì, e poco dopo battezzato, fu detto di » lei figlio spirituale; e poscia insieme con essa » al cospetto dell' Imperatore confessò Gesù » Cristo. Per questo fu molto vessato dai tor- » menti, e poi l'uno e l'altra condotti da un » angelo in Taormina, qui Geminiano fu dal » Preside percosso di spada, ma Lucia morì » tranquillamente. »

CAPO X.

Dello stato della Chiesa di Taormina sotto Leone Papa I.

I. Rocco Pirri, tessendo il catalogo dei Vescovi di Taormina, fra S. Nicone e Rogato e-numera un certo anonimo, dissipatore dei beni della sua Chiesa : non già che un solo vescovo fosse sufficiente a riempire così lungo spazio di tempo, ma perchè gli altri sono involti fra le tenebre dell'antichità. Dice dunque, che il clero di Taormina, disgustato del cattivo operare del proprio Vescovo, il quale dimentico dei sacerdotali doveri, avea dissipato tutti i beni della Chiesa, parte vendendone, parte donandone, e parte in altri modi alienandone, di un tal danno scrisse a S. Leone Papa I°. Il quale temendo che un sì pernicioso esempio potesse essere seguito da altri, tanto più che i palermitani in quel tempo fortemente si doleano del proprio Vescovo che spogliava quella Chiesa, provvide non solo alla utilità di queste due Chiese, ma pigliata occasione dalle particolari lagnanze, si estese ancora a tutte le altre Chiese di Sicilia : epperò il 22 Ottobre 447 scrisse a tutti i Vescovi dell'Isola sulla inalienabilità dei beni della Chiesa una Decretale, da valere per ogni tempo e da osservarsi senza alcuna eccezione.

II. Graziano inserì nella sua collezione questa lettera tanto vantaggiosa alla ecclesiastica indennità, riportandola sotto il nome di Leone Papa, ma omessa la voce *Primo*. E certo a ragione, poichè fu Gerardo Vossio che attribuì quell'epistola a S. Leone Papa I°; mentre dallo stile rilevasi che debba piuttosto appartenere al secondo Leone, o al terzo, o forse anche ad altro posteriore anzichè al primo, come avverte Pasquale Quesnel nella sua accuratissima edizione delle opere di S. Leone Magno. E noi parimente abbiamo ciò notato nel Codice Diplomatico di Sicilia, togliendo questa lettera dalla prima classe di monumenti affatto genuini e non sospetti, e riportandola nell'Appendice.

III. Però comunque vada la cosa, certo è che Taormina è una di quelle città di Sicilia, che ai tempi di Leone Papa I° erano vescovili; e le quali mandavano ogni anno al 29 Settembre tre dei loro Vescovi a Roma per celebrare il concilio, siccome pienamente si rileva da un'altra lettera del medesimo S. Leone Magno a tutti i Vescovi di Sicilia (1). E certo per antica consuetudine della Chiesa, i Vescovi di Sicilia, i quali erano soggetti al Romano Pon-

(1) Epist. 16, alias 4.

tefice, non solo come a primo e universale Patriarca di tutto l'orbe cristiano, ma ancora come ad immediato Metropolitano della provincia, erano tenuti a portarsi due volte all'anno in Roma per celebrare il concilio provinciale. E compatendo S. Leone il loro disagio, modificò la consuetudine fino allora osservata, ordinando per via di dispensa, che non più due ma solo una volta all'anno, e soltanto tre Vescovi alternativamente vi andassero. E questa forse è la ragione per cui leggesi che nel Concilio III° Romano, sotto Simmaco Papa, tre Vescovi di Sicilia soltanto v' intervennero : quelli cioè di Taormina, di Messina e di Tindari.

CAPO XI.

—

Del Vescovo Rogato.

I. Sul principio del sesto secolo ad estinguere lo scisma che contro Simmaco Romano Pontefice legittimamente eletto, avea suscitato Lorenzo arciprete di S. Prassede, creato antipapa pel favore di Festo Senatore Romano, si tennero in Roma molti Concilii; tra i quali il terzo, dopo la venuta in Roma di Teodorico re d'Italia, l'anno 401 dell'era volgare, essendo consoli Avione Seniore, e Pompeo . A questo Concilio vennero tre vescovi della Sicilia, giusta il costume e la regola di S. Leone sopra citata; e questi furono : Rogato Vescovo di Taormina, Eucarpo di Messina, e Severino di Tindari . Costoro , per concessione dello stesso Simmaco, che diede ai Vescovi a sè soggetti l' autorità di giudicare, esaminando insieme con gli altri vescovi che formavano il Concilio la causa di lui, lo assolvettero dell' apposto delitto, e apertamente condannarono il perfido calunniatore, che per violenza ed inganni aveva usurpato l' Apostolica Sede.

II. Sopito pe' decreti del riferito Concilio per qualche tempo lo scisma, più volte si riprodusse , e recò molestia alla Chiesa ; finchè nel quarto, ed anche nel quinto Concilio, celebrati nei due anni susseguenti, fu repressa la ostinata temerità dei calunniatori. Sedati così i disturbi e acquietato lo stato della Chiesa Romana , il medesimo Simmaco nulla stimò più conveniente che provvedere al bene della Chiesa, e quindi al primo giorno del mese di Ottobre dell' anno 504 convocò il sesto Concilio Romano , nel quale fu decretato che gl' invasori dei beni ecclesiastici , che non volessero restituirli , si dovessero ritenere come eretici manifesti e scomunicati. A questo Concilio intervenne e soscrisse il Vescovo di Taormina con gli altri due Vescovi di Sicilia , di Messina cioè e di Tindari.

CAPO XII.

—

Di Vittorino Vescovo.

I. Siam debitori a S. Gregorio Magno Pontefice Massimo della conoscenza di Vittorino, giacchè di lui fa menzione nell' epistola che scrisse a Pietro suddiacono, rettore del patrimonio della Chiesa Romana in Sicilia, ordinandogli di rendere a Secondino Vescovo di Taormina i beni di quella Chiesa. Imperocchè Secondino opinava che le case, le possessioni e il denaro della Chiesa di Taormina, vivente ancora il Vescovo Vittorino, fossero stati ingiustamente usurpati dagli amministratori della Chiesa Romana in Sicilia. Per la qual cosa, creato appena Vescovo di Taormina, null'altro ebbe più a cuore, se non che fossero alla medesima Chiesa interamente restituiti i beni irragionevolmente occupati.

II. A ben compiere questo negozio prestò il suo aiuto a Secondino il medesimo S. Gregorio, il quale usò a detestare grandemente qualunque ingiustizia, scrisse una forte lettera all'istesso Pietro amministratore, presso cui risiedeva il dritto di giudicare le liti fra le Chiese e le persone ecclesiastiche, e che avea suprema

potestà sopra tutti i difensori, azionarii, e soprá
tutti gli altri ministri della Chiesa; ed ordinò
che se conoscesse d'avere gli azionarii occupato i beni della Chiesa di Taormina, ed op-
pressa con ingiuste esazioni la Chiesa medesima , subito facesse di pieno dritto restituire
ad essa tutto ciò che contro la giustizia si era
imprudentemente alienato od esatto.

III. Giova qui riferire a commodità dei lettori l'istessa epistola di S. Gregorio, quantunque da noi riportata nel primo volume del Codice Diplomatico di Sicilia.

» Gregorio a Pietro Suddiacono
» Per quanto dalle altre Chiese si presta di
» riverenza all'Apostolica Sede, tanto debb'es-
» sere questa sollecita della loro tutela. E poi-
» chè dicesi che le case, i confini, e le pos-
» sessioni appartenenti di dritto alla Chiesa di
» Taormina siano stati ingiustamente occupati
» dagli amministratori della nostra Chiesa, com-
» mettiamo alla tua esperienza in virtù di que-
» sta lettera , che conosciuta la verità , se la
» cosa è veramente così, abbii a restituire alla
» predetta Chiesa tutto ciò che avrai appreso
» di essere ingiustamente occupato. E giacchè
» siamo informati , che vivendo ancora il Ve-
» scovo Vittorino, siasi dissipato il denaro della
» medesima Chiesa ; vogliamo che a farne la
» ricerca , abbii à prestare aiuto à Secondino
» nostro Fratello e Coepiscopo , e concorrere

» in quanto sia necessario e secondo giustizia
» al bene della stessa Chiesa. Affrettati ad
» eseguire tutto ciò che si contiene in questa
» lettera, e fa che dell' amministrata giustizia
» possa essere lodato ne' rapporti del Vescovo
» predetto.

CAPO XIII.

Di Secondino Vescovo.

I. A Vittorino successe Secondino, uomo dotato di somma erudizione, assai zelante della
disciplina, e chiaro per la integrità dei costumi
e per lo studio delle divine scritture. È incerto
in quale anno abbia incominciato a reggere la
Chiesa di Taormina e per quanti anni l'abbia
occupata. S. Gregorio, scrivendo nell'anno, IX
Ind., 590 e 591 a Pietro Suddiacono, parla di
questo Secondino Vescovo di Taormina; e così
ancora in altre moltissime lettere, delle quali
l'ultima fu scritta nell'anno, VI Ind., 602 e 603:
perlochè l'Episcopato di Secondino dovette du-
rare almeno più di dodici anni.

II. Secondino adunque fu così sollecito di
ricuperare i beni della sua Chiesa, i quali vivente ancor Vittorino suo predecessore erano

stati ingiustamente occupati da' procuratori della Chiesa romana, da ottenere lettere dall'istesso S. Gregorio (1) a Pietro Suddiacono, ed Amministratore del patrimonio di S. Pietro in Sicilia , affinchè tutto ciò che conoscesse usurpato dovesse interamente restituire alla espoliata Chiesa; siccome abbiamo opportunamente detto trattando dell'istesso Vittorino.

III. Fu Secondino , come abbiam narrato , eccellente non meno per lo zelo della disciplina, che per lo studio delle divine scritture. Il che fu per lui tanto più glorioso, quanto più raro era di que' tempi il numero di quelli che attendevano a siffatti studii . Tanta difatto era in quel tempo la rarità di coloro che s'applicavano allo studio della Divina Scrittura, che l'istesso S. Gregorio, dopo diligente ricerca, non potè trovare un solo che potesse associarsi a Maurenzio Capo della Milizia, che era lodevolmente dedicato a questo studio. Secondino però, dipartendosi dalla comune negligenza, attendeva sempre alla lettura de' libri santi . E ciò fu il motivo per cui, fervido com' era nello studio della divina parola, s'indusse ad acquistare le Omelie di S. Gregorio sugli Evangeli, quantunque non ancora interamente emendate e corrette; a guisa d'uomo famelico, che brama d'ingoiare i cibi anche prima che siano ben

(1) Cod. Diplom. Sicil. Dipl. LXXVIII.

cotti. Ciò per tanto diede occasione a S. Gregorio di mandargliene un nuovo esemplare, col quale potesse e dovesse più facilmente correggere l'antico, siccome dice il medesimo S. Gregorio nell'epistola scritta su questo argomento all'istesso Secondino, nella quale fuor del consueto modo di scrivere , lo chiama uomo reverendissimo e santissimo (1) . Questa lettera trovasi pubblicata avanti le Omelie di S. Gregorio, e noi l'abbiamo riportata nel nostro Codice Diplomatico togliendola dall' ultima e più accurata edizione de' Monaci di S. Benedetto della Congregazione di Santo Mauro.

IV. Nell'anno poi 596, nel mese di giugno, scrisse il medesimo S. Gregorio all' istesso Secondino un' altra lettera (2) , onde impegnare la di lui protezione, giusta la ecclesiastica disciplina di quel tempo , a favore d' un certo Sincero Sacerdote, affinchè non permettesse che questi, avendo già rinunziata la eredità del suocero , fosse vessato da' creditori del defunto; essendo troppo chiaro che là d' onde alcuno non ritrae alcun vantaggio, non debba soffrire danni e dispendii. Raccomanda inoltre a Secondino l'istesso Sincero perchè gli dia facoltà ed aiuti nel proposito da lui fatto di portarsi

---

(1) Reverendissimo ac Sanctissimo Fratri Secundino Episcopo Gregorius servus servorum Dei. —*Cod. Diplom. Sicil. Dipl. XCIX.*
(2) Ibid. Dipl. **CXXVIII.**

a Roma od altrove per aversi mezzi di vivere.

V. Nell'anno seguente fu il nostro Secondino dal medesimo S. Gregorio eletto giudice per definire una lite contro Sisinnio, difensore della Chiesa di Messina, accusato di trattenere ingiustamente alcuni schiavi (1). Anzi fu tanto questo Vescovo stimato da S. Gregorio per la sua esimia prudenza nel dirimere le liti, e pel grande zelo nel sostenere i dritti della Chiesa, che non solo il Santo Pontefice affidò a lui gli affari della Provincia di Sicilia, ma ancora delle altre regioni. Epperò nell'anno 598 commise alla di lui cura, che il Monastero di Castel presso Squillaci in Calabria, eretto sul cominciare del secolo VI dal grande Cassiodoro, e nobilitato dalla sua residenza, non venisse contro la volontà del fondatore in potere di laiche persone (2).

VI. Nell'anno poi 599, o 600, Ind. III, il medesimo S. Gregorio scrisse tre altre epistole al nostro Secondino (3). Nella prima di esse ordinò che si usasse indulgenza verso la moglie di Leone Cartolario, scomunicata insieme alla sua famiglia, perchè dipartitasi dal marito per sospetto d'adulterio, e vestito l'abito religioso, era poscia ritornata a lui senza permis-

(1) Ibid. Dipl. CXCI.
(2) Ibid. Dipl. CLI.
(3) Ibid. Dipl. CXCIII, CXCIV, et CCV.

sione del Vescovo. Nella seconda comandò che
i beni di Dulcino, Vescovo di Locri in Calabria,
morto nel monastero di S. Cristoforo della Diocesi di Taormina, fossero divisi in due parti
uguali, di cui una fosse data all'istesso monastero, e l'altra alla Chiesa di Locri. Nella terza
finalmente raccomandò a lui Gregorio exprefetto, uomo illustre, affinchè secondo giustizia gli
desse ogni ajuto, e non permettesse che fosse
ingiustamente molestato.

VII. Scrisse inoltre il medesimo S. Gregorio
nell'anno 602, o 603, Ind. VI, una lettera al
nostro Secondino in comune con cinque altri
Vescovi di Sicilia (1), i quali sono : Leone di
Catania, Giovanni di Siracusa, Dono di Messina, Lucido di Leonzio, e Traiano di Malta. Ad
essi raccomanda Adriano amministratore del patrimonio della Chiesa Romana in Sicilia, e con
paterna esortazione li ammonisce, affinchè portandosi a confermare i bambini non aggravino
oltremodo i soggetti.

VIII. Nel registro delle lettere di S. Gregorio se ne trovano altre quattro, le quali, dicendosi scritte a tutti i Vescovi di Sicilia, niuno
dubita che non appartengano ancora al nostro
Secondino. In una dell'anno 590, (2) S. Gregorio, mandato Pietro suddiacono a reggere il

(1) Cod. Diplom. Sicil. Dipl. CCLIV.
(2) Cod. Diplom. Sicil. Dipl. LX.

patrimonio della Chiesa Romana in Sicilia, spie-
gava le attribuzioni a lui conferite, e stabiliva
che una volta all'anno venisse celebrato il concilio provinciale in Siracusa o in Catania, sia
per promuovere l'utilità delle Chiese della medesima provincia. sia per sollevare le necessità
dei poveri e degli oppressi, sia per correggere
con adeguato freno gli eccessi de' malvagi.

IX. Nella seconda lettera del medesimo anno (1) il Santo Pontefice avverte i Vescovi di
Sicilia come debbano guardarsi dalle vessazioni
di quelli che usurpando falsamente il titolo di
Notaro o Difensore della Chiesa Romana, presumono d'imporre ad essi dei pesi ingiusti.

X. Nella terza (2) che fu scritta nel mese di
Dicembre dell'anno 597 non solo ai Vescovi di
Sicilia, ma ancora ad otto Metropolitani, cioè
di Tessalonica, di Durazzo, di Milano, di Ni-
copoli, di Corinto, di Prima-Giustiniana, di Ra-
venna, e di Sardegna, ottimamente decreta che
coloro i quali fossero tenuti a rendere conto
di loro amministrazione, se prima non l'avessero
reso, non fossero ammessi nè nel clero nè nei
monasteri : affinchè si conoscesse che essi ab-
bandonassero realmente il mondo, e non già
che lo fuggissero.

XI. Nell'ultima poi dell'anno 600, o 601,

(1) Ibid. Dipl. LXXV.
(2) Ibid. Dipl. CXLII.

Ind. IV, (1) il medesimo S. Gregorio, ammoniva i nostri Vescovi, affinchè, nel pericolo di cui minacciavano i barbari la Sicilia e tutta l'Italia, domandassero contro la imminente invasione l'aiuto della divina protezione. Intimava perciò la recita delle litanie per due volte la settimana, cioè il Mercoledì e il Venerdì; ed esortava al tempo stesso i fedeli affinchè seguendo le ammonizioni de' sacerdoti, si dipartissero dalle perversità del secolo a cui erano addetti, giacchè, com' egli diceva, è inutile la preghiera quando la vita è malvagia.

XII. Del resto Secondino intervenne e si soscrisse a due Sinodi celebrati in Roma sotto il medesimo S. Gregorio; dei quali l'uno fu tenuto in presenza alle sante reliquie dell'istesso S. Pietro il giorno 1° del mese di Luglio l'anno 595, essendo imperatore Maurizio. Questo Concilio si celebrò per discutere la causa di Giovanni, sacerdote della Chiesa di Calcedonia, il quale riputandosi ingiustamente condannato di eresia da Giovanni Patriarca di Costantinopoli, si appellò alla Sede Apostolica; ed in esso Concilio, discussa diligentemente la causa, fu dichiarato innocente. Vi furono inoltre decretati sei Canoni riguardanti la ecclesiastica disciplina: cioè intorno all'officio dei diaconi della Sede Apostolica, su di quelli che devono

(1) Ibid. Dipl. CCXXVIII.

servire alla camera del Pontefice; su di quelli che presumono di porre titoli , ossiano segni di possesso ecclesiastico ; di non doversi velare il feretro del Romano Pontefice; che niente si dia o si riceva per l'ordinazione o pel pallio; e dei servi della Chiesa che desiderassero rivolgersi al servizio di Dio. In questo Sinodo, che fu pubblicato dai dottissimi Monaci Benedettini della Congregazione di Santo Mauro (1), il nostro Secondino si trova sottoscritto così : *Secundinus Episcopus Civitatis Tauromeniæ* —Secondino Vescovo della città di Taormina.

XIII. L'altro Concilio poi (2), che chiamasi il Romano III, ossia Lateranese, fu celebrato l'anno del Signore 601 il giorno 5 di Aprile, onde provvedere alla quiete ed alla indennità dei Monaci , i quali solevano essere molestati dai Vescovi : e fu in esso pubblicato un Decreto Sinodale, che venne chiamato *Costituto*, sulla quiete, libertà, ed esenzione di essi. A questo Sinodo intervenne il medesimo Secondino e soscrisse così : *Secundinus Episcopus Ecclesiae Tauromeniae* —Secondino Vescovo della Chiesa di Taormina.

XIV. Altri Concilii furono ancora celebrati in Roma sotto il medesimo S. Gregorio, ai quali non intervenne, nè certo dovette intervenire il

(1) Tom. 2. Operum S. Gregorii Col. 1288.
2) Ibid. Col. 1294.

nostro Secondino. Imperocchè, sebbene i Vescovi di Sicilia, come soggetti immediatamente al Romano Pontefice, fossero tenuti d'intervenire indistintamente a tutti i Concilii Provinciali, pure non tutti dovevano essere presenti a tutti, ma alternativamente; e bastava che vi fosse un solo in ogni cinque anni, giusta il decreto del medesimo S. Gregorio Magno, che noi abbiam pubblicato ed illustrato colle nostre osservazioni nel nostro qualunque siasi Codice Diplomatico di Sicilia (1).

CAPO XIV.

—

Di Giusto Vescovo.

I. Fu Giusto uno di quei centocinque Vescovi, i quali sotto Martino I Pontefice Massimo, l'anno dell'era volgare 649, celebrarono il Concilio Romano Lateranese contro l'eresia dei Monoteliti. Costante II Imperatore, figlio di Costantino III affine di propagare questa eresia, di cui era perdutamente seguace, promulgò lo abbominevole editto chiamato *Tipo*; ed a proscrivere quest'editto, ed a condannare l'eresia

(1) Diplom. XXIX. et CXXXVI. et Dissert. 11. N. 10.

dei Monoteliti e i suoi autori e seguaci, fu a-
dunato questo Concilio Lateranese, risultante di
sei sessioni in altrettanti diversi giorni tenute.

II. A tutte le sessioni fu presente e si soscrisse il nostro Giusto, nulla temendo l'autorità dell'Imperatore a cui in quel tempo la Sicilia era soggetta; poichè sapeva che è più sicuro l'obbedire a Dio e difendere la sua causa,
anzichè condiscendere ai voleri degli uomini e
seguire i disertori della cattolica fede. Nella
prima sessione adunque celebrata a 5 di Ottobre il nostro Vescovo, non meno giusto di opera
che di nome, si soscrisse al sesto luogo tra i
Vescovi di Sicilia. Il medesimo ordine tenne
nella soscrizione della seconda sessione tenuta
il giorno 8 di Ottobre. Nella terza sessione poi
celebrata il giorno 16 Novembre, il medesimo
Giusto pigliò il luogo della firma dopo i Vescovi Leontino e Messinese, ma prima de' Vescovi Palermitano, Triocalitano, Tindaritano,
Lilibetano, e Termitano. Nella quarta sessione
poi tenuta nello stesso mese, ma in giorno incerto, precesse i Vescovi Palermitano e Tindaritano, ma seguì tutti gli altri. Finalmente
nella quinta sessione celebrata e compiuta nella
vigilia della festa di tutti i Santi, il medesimo
Giusto ebbe quattro Vescovi Siciliani posteriori
ed altrettanti anteriori.

III. Osservando questi atti del Concilio, stimiamo che niuno vorrà dalle soscrizioni rico-

noscere le Metropoli, e quindi giudicare d'esservi stata una prerogativa di ordine tra i Vescovi di Sicilia : mentre i medesimi Vescovi non tenendo alcuna regola nel sottoscrivere, si trovano segnati ora i primi ora i secondi, ed ora anche i terzi in un solo e medesimo Concilio. Si legga quanto abbiam detto nella seconda dissertazione pubblicata nell'appendice al primo volume del nostro Codice Diplomatico di Sicilia; dove con molte e valide ragioni abbiam dimostrato di non esservi stato in Sicilia avanti il nono secolo alcun metropolitano; checchè ne dicano coloro che spinti dallo studio di parte si sono impegnati di attribuire questo onore o a Taormina, o a Siracusa, o a Palermo, o a Messina, od anche a Catania.

CAPO XV.

—

Di Pietro Vescovo.

I. Il concilio Lateranese Romano di cui abbiamo parlato nel capo precedente non fu alcerto di tale forza da potere estinguere la condannata eresia dei Monoteliti; che anzi accese piuttosto così l'ira dell'Imperatore Costante II, fautore e seguace degli eretici, contro i difen-

sori della cattolica fede, che strappato a violenza dalla Basilica Costantiniana S. Martino Papa I. che avea celebrato quel concilio, lo cacciò in esilio a morire di fame e di dolori. Però ucciso in Siracusa di Sicilia l'istesso Costante, avea il figlio di lui Costantino IV detto dalla lunga barba *Pogonato*, ottimo e religiosissimo principe, l'anno di Cristo 668, assunto le redini dell'Impero. Costui ben lontano dal seguire l'esempio del padre, fu anzi grandemente sollecito di rendere la pace alla Chiesa, e procurò quindi che fosse celebrato il Concilio Costantinopolitano III ed Ecumenico VI.

II. Scritta adunque a Dono Romano Pontefice una lettera, volle l'Imperatore che i Vescovi occidentali, i quali per la difficoltà del viaggio non potessero intervenire al generale Concilio, almeno per mezzo di Legati manifestassero ciò che credessero doversi stabilire per la fede ortodossa contro i Monoteliti. Ricevuta questa lettera, il successore di Dono Agatone Papa, di nazione Siciliano, celebrò in Roma l'anno 680 il Concilio Lateranese di centoventicinque Vescovi; ed essendo in esso condannata l'eresia, furono mandati in Costantinopoli i Legati con una epistola sinodica, a proporre nel Concilio Ecumenico ciò che dai Padri del Sinodo di Roma si era stabilito; e fu quindi celebrato il Concilio Costantinopolitano, che venne conchiuso in diciotto sessioni. Nella quarla sessione furono letti gli atti del Concilio Romano con le soscrizioni dei Vescovi. Tra questi Padri, i quali si erano raunati in Roma per autorità di Agatone, e che per mezzo di Legati celebrarono il Concilio Costantinopolitano, vi fu Pietro di Taormina; il quale si soscrisse in questo modo : *Pietro il piccolo Vescovo della Santa Chiesa di Taormina della Provincia di Sicilia ho parimenti sottoscritto in questa professione che per la nostra apostolica fede abbiamo concordemente stabilito* (1).

CAPO XVI.

—

Di Giovanni Vescovo.

1. I Bollandisti (2), uomini assai benemeriti per lo studio della sacra erudizione, stimano non essere ultima lode della Chiesa di Taormina l'aver voluto piuttosto il catalogo dei Vescovi monco ed interrotto, anzichè intiero e continuato su monumenti sospetti e non since-

(1) Petrus exiguus Episcopus Sanctæ Ecclesiæ Tauromenitanæ Provinciæ Siciliæ, in hanc suggestionem, quam pro apostolica nostra fide unanimiter construximus, similiter subscripsi.
(2) Act. SS. Junii die 14 de S. Marcian. Episc. et Mart. Syracusano.

ri . Quindi noi stimiamo pregio dell'opera lo
scendere quasi per salto da Pietro Vescovo ,
che visse circa l'anno 680 a Giovanni che resse
la Chiesa di Taormina dopo cento anni, tralasciando la storia di questo lungo intervallo av-
volta fra le tenebre dell'antichità; però a far
cosa grata a' lettori, piglieremo da un po' più
in alto la storia del predetto Giovanni.

II. Già sin dai primi tempi della religione
cristiana la Chiesa di Taormina fu immediatamente soggetta al Romano Pontefice, non solo
come a primo ed universale Patriarca di tutto
l'orbe cristiano, ma ancora come a proprio Primate della Provincia di Sicilia; finchè per la
tirannide di Leone III Isaurico, mutato in peggio lo stato della Chiesa di quest'Isola, il Vescovo di Taormina insieme con altri molti divelto dal Patriarcato Romano come dal suo legittimo capo, fu annesso, quasi a madre adul-
terina, alla sede di Costantinopoli.

III. Leone adunque Isaurico, stimolato dalla
malvagia suggestione dei Giudei, si diede tutto
quanto ad abolire l'uso delle Sante Immagini,
ed a perseguitare crudelissimamente i loro cultori, apertamente resistendo alle salutari ammonizioni di Gregorio Papa II, il quale non lasciò
mezzo intentato onde richiamare a più sano consiglio quel principe. Anzi infuriando questi contro l'istesso Gregorio, confiscò il patrimonio siciliano della Chiesa Romana, e divelse la Chiesa

di Taormina con tutte le altre, o almeno certamente colla più parte delle chiese di Sicilia e delle diocesi di Calabria e dell'Illirico ed altro sino alla Tracia, dall'obbedienza al Romano Pontefice, e la sottopose al Patriarca di Costantinopoli. Così ci attestano molti scrittori di quel tempo; per tutti i quali valga Adriano Papa I, il quale di questo fatto fa un rimprovero ai Greci.

IV. Nè morto Leone, l'anno di Cristo 741, fu resa alla Chiesa la desiderata pace; che anzi la persecuzione più crudelmente infierì per opera di Costantino V detto Copronimo, il quale sembrò di avere non solo imitato, ma anche superato l'empietà di Leone suo Padre. Questi nell'anno di Cristo 754 riunì a Costantinopoli un conciliabolo di 338 Vescovi, nel quale non solo quanti erano cultori delle venerande Immagini furono colpiti di scomunica e chiamati idolatri, ma ancora le reliquie dei Santi Martiri furono disperse e consumate nel fuoco o nell'acqua.

V. Nulladimeno non ebbe questa persecuzione tanta forza da far declinare dalla retta fede il Vescovo di Taormina, o alcun altro dei Vescovi Siciliani; che anzi li rese tanto più fermi nella dottrina cattolica, che essi resistettero apertamente ai Greci, quantunque così nell'ordine civile come nell'ecclesiastico, governassero la Sicilia: nè vollero affatto aderire ai

vescovi eretici, quantunque maggiori di numero e in dignità eminenti. Quindi è, che celebrato in appresso il Concilio Ecumenico VII, il Vescovo di Taormina e tutti gli altri Vescovi di Sicilia non si trovano annoverati fra quelli che erano caduti nell'errore, ma fra i costantissimi difensori delle Sante Immagini.

VI. Regnando adunque Adriano I Pontefice Massimo, e tenendo Costantino IV con sua madre Irene l'Impero di Oriente, e Carlo Magno quello di Occidente, nell'anno di Cristo 787 fu celebrato il Concilio Niceno II, Ecumenico VII, contro gli empii Iconoclasti, ossiano nemici delle Sacre Immagini; adunaronsi in esso 350 Vescovi, e tra questi fu Giovanni della nostra Chiesa di Taormina.

VII. Questo Concilio costa di sette sessioni. Nella prima sono enumerati i Padri intervenuti al Santo Concilio Ecumenico, e fra essi si trovano Giovanni di Taormina ed altri nove della provincia medesima di Sicilia, descritti con quest'ordine: Teodoro di Catania, Giovanni di Taormina, Gaudosio di Messina, Teodoro di Palermo, Stefano di Bivona, Costantino di Carini, Giovanni di Tricala, Teofane di Lilibeo e Stefano di Siracusa. Questi furono stimati così degni, che si diede ad essi l'incarico di fare la prolusione di ciò che doveva trattarsi nel concilio; e dicendo essi *d'essere conveniente che alla trattazione dei capitoli, il Santissimo,*

Sommo, ed Esimio Pastore e Prelato della Regale Costantinopoli, Nuova Roma, facesse il cominciamento, e pronunciasse di sua voce ciò che credesse opportuno, gli altri Padri concordemente risposero: *Sia fatto giusta la dimanda de' Santissimi Vescovi*. E così Tarasio Patriarca di Costantinopoli, siccome perito delle cose iconoclastiche, ed invittissimo propugnatore delle Sante Immagini, ragionò il primo; mostrando chiaramente che i piissimi Imperatori, essendo difensori della cattolica fede, erano grandemente inquieti, finchè proscritta la eresia degl'Iconoclasti, non vedessero pacificata e ritornata all'unità la Chiesa di Dio; poscia furono lette nel Santo Concilio le lettere dei medesimi imperatori Costantino ed Irene.

VIII. Nella seconda sessione si lessero le lettere di Adriano Papa agl'Imperatori ed a Tarasio Patriarca della Chiesa Costantinopolitana, le quali vennero dal nostro Giovanni accettate e confermate in questo modo: « Giovanni santissimo vescovo di Taormina disse: Essendo » quasi un divino suggello di ortodossia le lettere che da Adriano Papa dell'antica Roma » furono spedite a' nostri pii imperatori ed a » Tarasio nostro universale Patriarca, così professo, ricevendo le sacre e venerande Immagini secondo l'antica Tradizione della Chiesa

» Cattolica ; ed anatematizzo tutti coloro che
» così non sentono. » (1).

IX. In questa professione due cose meritano
particolare attenzione. La prima è che Giovanni
in questa e nella seguente sessione s'intitola
santissimo, e nelle sessioni quarta e settima
indegno vescovo. Che ciò non sia stato fatto
a caso si rileva chiaramente dal contesto della
medesima scrittura. Imperocchè nella quarta e
settima sessione trascrivendosi la retta professione della fede cristiana, Giovanni usa tal formola qual non si conviene a un dottore della
Chiesa, ma ad un semplice ed umile cristiano.
All'incontro poi leggendosi nelle precedenti
sessioni, seconda e terza, le lettere di Adriano
Papa contro gl'Iconoclasti e il conciliabolo da
essi celebrato, siccome richiedevano molti fra
gli eretici il perdono del commesso fallo e di
essere restituiti nella comunione e nel proprio
grado , Giovanni religiosissimo cultore delle
sante Immagini, affin di non sembrare uno del
numero dei caduti, a buon dritto si sottoscrive
santissimo vescovo.

(1) Joannes Sanctissimus Episcopus Tauromeniæ dixit:
Cum veluti divinus orthodoxiæ terminus sint literæ, quæ
ab Adriano Papa Senioris Romæ ad pios Imperatores nostros, nec non ad Tharasium universalem Patriarcham
nostrum missæ sunt, ita profiteor, suscipiens sacras ac
venerandas Icones, secundum antiquam Traditionem Ecclesiæ Catholicæ; eos vero qui ita non sapiunt, anathe-
matico.

X. L'altra cosa è, che Giovanni chiama A-driano *Papa dell'antica Roma*, e Tarasio poi *nostro Patriarca*. Dal che si dà senza dubbio a conoscere, che son tratti e traggono in gravissimo errore quelli, i quali stimano che le Chiese di Sicilia, non prima ma dopo questo Sinodo Niceno, fossero aggregate al greco Patriarca. Del resto niuno vorrà condannare il Vescovo di Taormina, perchè, sapendo ch'era stata per violenza la Chiesa di Sicilia divelta dalla Sede Romana, chiama nondimeno Tarasio di Costantinopoli suo Patriarca, e lo riconosce quasi legittimo capo. Che anzi debbe dirsi d'avere imitato in ciò la prudenza e seguito l'esempio dei Romani Pontefici, i quali occupati di un affare più grave, qual era quello di restituirsi le Immagini, non vollero muover lite ai Greci sopra i confini delle diocesi, ma posposero provvidamente e sapientemente ogni interesse temporale, purchè acquistassero lo spirituale. E fu per questo, che Nicolò Papa I, lagnandosi di Gregorio Vescovo di Siracusa, perchè ordinato Fozio, avea discacciato il Patriarca S. Ignazio dalla sua sede, disse *che egli avea operato empiamente contro il suo Patriarca* (1).

XI. Nella terza sessione Gregorio Vescovo di

_____

(1) In Ignatium suum videlicet Patriarcham rediviva impietatis jacula exacuit. *Epist. IX*.

Neocesarea e molti altri prelati, i quali per non avere rettamente sentito sopra il culto delle Sante Immagini erano stati deposti dalle loro sedi, detestando l'errore vennero restituiti nel primiero grado di loro dignità. Venne prodotta la epistola di Tarasio agli altri Patriarchi di Oriente e l'altra dei medesimi Patriarchi a Tarasio. Ed in questa sessione Giovanni di Taormina con gli altri Vescovi che erano convenuti, approvando e ricevendo tutto ciò che si è detto, così si sottoscrisse : *Giovanni santissimo Vescovo di Taormina disse : Siccome concordi nel sentire ci siamo radunati, così abbiamo appreso a dire una sola e medesima cosa. Accordandosi dunque al Sinodo le lettere di Tarasio santissimo ed universale Patriarca che si sono lette, e che furono da lui destinate ai santissimi sacerdoti di Oriente e le risposte da quelli a lui dirette sulla santa fede ortodossa de' sei concilii universali, così io credo ricevendo e adorando le sante e venerabili Immagini : e vivendo in questa fede ortodossa spero presentarmi con fiducia davanti al tribunale di Cristo; e chi così non sente sia anatema* (1).

---

(1) Joannes Sanctissimus Episcopus Tauromeniæ dixit: Sicuti unum sentientes convenimus, ita et unum dicere didicimus. Concordantibus itaque Synodo apicibus Tarasii Sanctissimi Œcumenici Patriarchæ, qui lecti sunt, quique destinati fuerunt ab eo ad orientis sanctissimo

XII. Nella quarta sessione si leggono le testimonianze della Sacra Scrittura e degli antichi Padri che mostrano legittimo e religioso l'uso delle Sante Immagini. Vengono scomunicati gl'Iconoclasti e si presenta la professione della fede cattolica, che dopo i legati della Sede Apostolica, dopo il Patriarca Tarasio, dopo i legati dei Vescovi Orientali, vien sottoscritta da Giovanni di Taormina con tutti gli altri vescovi in questo modo: *Giovanni indegno vescovo di Taormina seguendo concordemente in tutto la dottrina dei Santi Padri e le loro testimonianze già lette, mi sono sottoscritto* (1).

XIII. Nella quinta sessione si producono il Dialogo del Beato Giovanni Vescovo di Tessalonica, che riporta la disputa con un certo gentile nemico delle Sante Immagini, ed altri libri, dai quali chiaramente si dimostra d'avere gl'Iconoclasti attinta la loro eresia dai Giudei, dai Saraceni, dai Gentili, dai Samaritani, e dai Manichei. E questa sessione non fu chiusa con

---

sacerdotes, et rescriptis, quæ ab illis ad ipsum destinata sunt sanctæ et Orthodoxæ Fidei sex universalium Synodorum, ita et Ego credo, recipiens et adorans sanctas ac venerabiles Imagines: et in hac orthodoxa Fide vivens opto adstare ante tribunal Christi cum fiducia: et qui sic non sentiunt anathemata sint.

(1) Joannes indignus Episcopus Tauromeniæ concorditer per omnia Sanctorum Patrum doctrinas et testimonia eorum quæ prolata sunt, sequens subscripsi.

la sottoscrizione dei Vescovi, ma ad acclamazione di tutto il Sinodo, che proclamò a viva voce di doversi ammettere l'uso delle Sante Immagini.

XIV. Nella sesta sessione furono discussi esaminati e confutati gli argomenti, co' quali aveano gl'Iconoclasti nel Conciliabolo Costantinopolitano, tenuto l'anno di Cristo 754, condannato l'uso ed il culto delle Sante Immagini e anatematizzati i religiosissimi cultori di esse: e la ereticale determinazione di quel Conciliabolo fu confutata in tutte le singole parti, proclamando come sopra i Vescovi a voce i loro sentimenti senza sottoscriversi.

XV. Finalmente nella settima sessione furono confermati i sei precedenti Concilii Generali, e fu decretato di doversi adorare le sante Immagini, proclamando tutti i Vescovi insieme con Giovanni di Taormina : « Tutti così cre-
» diamo, tutti la stessa cosa sentiamo, tutti
» approvando ciò ci siamo sottoscritti. Questa
» è la fede degli Apostoli, questa è la fede
».dei Padri, questa è la fede degli Ortodossi.
» Questa fede confermò l'intiero mondo. Cre-
» dendo in un solo Dio sussistente nella Tri-
» nità abbracciamo.le venerande Immagini. Chi
» altrimenti fa sia scomunicato, chi così non
» sente sia scacciato dalla Chiesa ». In questa sessione il nostro Giovanni al suo luogo si

soscrive così : *Giovanni indegno Vescovo di Taormina similmente* (1).

XVI. Celebrato, come si è detto , il Santo Concilio Ecumenico Niceno, il nostro Giovanni con gli altri Vescovi e coi Legati della Sede Apostolica, fu chiamato in Costantinopoli dagli Augusti Principi Costantino ed Irene onde riferire ad essi, secondo il costume, tutti gli atti del Concilio. In questa regale città adunque il giorno 22 di Ottobre del medesimo anno 787. tutti i Padri che vi convennero, celebrarono alla presenza d'Irene e del figlio Costantino una nuova sessione; la quale non fu propriamente sinodale, nè vera parte del Sinodo, mentre tanto i greci che i latini riconoscono soltanto sette sessioni ; ed i primi celebrano nel Menologio la fine del Concilio il giorno 12 di Ottobre. In questa sessione si lessero gli atti del Concilio, a cui dopo un discorso tenuto da Epifanio diacono della Chiesa di Catania, Vicario e Legato di Tommaso Arcivescovo di Cagliari (2), apposero gli stessi Augusti la firma, e colmando i Padri di nobili regali, rimandarono ciascuno con grandissimo onore alla propria città (3).

XVII. Una cosa resta qui ad avvertire, e si è , che Giovanni mantenne sempre con ferma

---

(1) Joannes indignus Episcopus Tauromenii similiter.
(2) Act. Concil. VII. Gener. ex Edit. Labæi.
(3) Ignat. Nicœn. de Constant. et Irene.

ed ammirabile costanza la fede da lui professata sopra l'uso ed il culto delle Sante Immagini, e così ancora con pari fortezza la conservarono i suoi successori nell'Episcopato. Zaccaria difatti che immediatamente gli successe, sebbene fosse stato scismatico, pure non si allontanò dalla retta fede sul culto delle Immagini, siccome chiaramente dimostrano gli atti del Conciliabolo Costantinopolitano da lui e dagli altri Vescovi Foziani tenuto l'anno 859. E Gregorio, che dopo lo stesso Zaccaria occupò la sede di Taormina, trovando che nella sua Chiesa celebravasi la festa dell' *Ortodossia*, cioè della restituzione delle Sante Immagini, recitò un' omelia scevra di qualsivoglia errore proprio di quella setta, anzi come ben osserva il dottissimo Francesco Combefis, piena di sana dottrina della Chiesa Cattolica (1).

CAPO XVII.

—

Di Zaccaria Vescovo.

I. Per quanta lode di pietà si acquistò Giovanni, altrettanto biasimo e disonore meritò

(1) Biblioth. Concion. Patrum Tom. I. Verbo Gregorius Cerameus. Taurom. Arch.

9

Zaccaria, che immediatamente gli successe nell'Episcopato di Taormina. Costui era stato ordinato da S. Metodio Patriarca di Costantinopoli, difensore invittissimo della Fede Cattolica e delle Sante Immagini, il quale innalzato a quella cattedra l'anno 842, dopo di avere santissimamente per quattro anni governato la sua Chiesa, l'anno 846 passò di questa vita a ricevere l'eterna mercede delle sue fatiche. Di questa ordinazione di Zaccaria fanno menzione gli Atti del Concilio Costantinopolitano IV, Generale VIII, nella sessione IV; nel principio di cui il patrizio Baane, Vicario di Basilio Augusto, chiedendo che fossero ammessi a riesame nel Santo Concilio i già condannati Zaccaria e Teofilo (il Taorminese cioè e l'Iconiese ossia Amoriese come rilevasi dal contesto della Storia e da Anastasio) (1) affermò di essere stati consacrati da S. Metodio, il che gli stessi Zaccaria e Teofilo apertamente confessarono. Difatti prima che fossero introdotti nel Sinodo, interrogati per messi da chi fossero stati consacrati, risposero che essi erano *consacrazione* del Vescovo Metodio. Ma affinchè la storia di questo Zaccaria riesca più chiara ci sembra conveniente il cominciare il racconto da un poco più innanti.

II. Morto adunque il Patriarca S. Metodio, fu innalzato in sua vece S. Ignazio, uomo insigne

---

(1) In Schol. Octav. Synod. General.

per uguale santità, il quale l'anno di Cristo **846**, dovendo consacrarsi Patriarca di Costantinopoli, espressamente proibì che alla sua ordinazione intervenisse Gregorio soprannominato *Asbesta*, vescovo di Siracusa; perchè avendo violato le leggi e le sanzioni ecclesiastiche, e convinto reo di malefizii, era stato per giudizio della Chiesa Romana degradato : e da qui ebbe il funestissimo principio quell'empio scisma di Fozio che sventuratamente svelse la Grecia dalla Chiesa Romana (1).

III. Imperocchè Gregorio di Siracusa non sopportò con prudenza la sua infamia e il suo disonore; ma ingiuriando pubblicamente e impudentissimamente il Patriarca Ignazio, con animo risentito andava schiamazzando di essersi collocato nella sede di Costantinopoli un lupo, anzichè un pastore. Egli ebbe seguaci in questa nimicizia Pietro Vescovo di Sardegna, Eulampio d'Apamea, ed altri del clero insieme con Fozio segretario dell'Imperatore e preposto all'amministrazione civile; il quale agognando il trono Patriarcale, ingiuriava acerbamente S. Ignazio fieramente esecrandolo, e dichiarandolo indegno del nome non solo di vescovo e di sacerdote, ma ben anco di cristiano.

IV. Non potendo S. Ignazio dissimulare tale

---

(1) Nicetas in vita Sancti Ignatii et Anastasius Bibliothecarius.

e tanta empietà in questi uomini perduti, l'anno 854 depose dalle loro sedi i detti tre Vescovi Gregorio, Pietro, ed Eulampio : (1) e ciò fece non solo di propria autorità, ma col consenso ancora del Sinodo provinciale , riservandone però, secondo la disciplina di quel tempo, la conferma alla Sede Apostolica (2). Mandò S. Ignazio questa decisione a Roma ond' essere di dritto confermata dal Sommo Pontefice. Ma essendo anche quì deposto Gregorio , mandò egli come suoi legati i predetti due vescovi Zaccaria e Teofilo, i quali parte colle preghiere, parte con ragioni che allegavano, impetrarono da Leone IV e dal di lui successore Benedetto III che si sospendesse la sentenza. Però siccome a Roma erano precorse delle accuse contro lo stesso Zaccaria, anche lui il Santo Pontefice sospese dall'esercizio dell'episcopato, finchè non venisse nuovamente a Roma con Gregorio di Siracusa in una a' suoi complici , o per difendersi dai delitti imputati, o per subire la necessaria sentenza di condanna.

V. Gregorio di Siracusa, informato dal medesimo Zaccaria di Taormina, che la Sede Apostolica non avea consentito alla sua deposizione , in nulla migliorò la sua condotta, ma

____

(1) S. Stylianus Ep. Neocæsar. in Epist. ad Stefanum VI. Pontif.

(2) Nicolaus Pap. V. in Epist. ad Michaelem Imperat, in nostro Codice Diplom. tom. I. Dipl. CCLXXXIV,

fatto più arrogante, abusò nella sua superbia della benignità e della pazienza della madre Chiesa; e rinnovando la sua irriverenza e l'empietà, tanto si spinse contro il medesimo Patriarca S. Ignazio, che questi discacciato dalla Sede Patriarcale da un conciliabolo Costantinopolitano, che fu detto il Foziano I, venne mandato in esilio, e il laico Fozio, capo della schiera scismatica, nell'anno 858, occupò col favore di Michele imperatore la cattedra di Costantinopoli. Il che diede motivo a Nicolò Papa I, che era succeduto a Benedetto, di scrivere al medesimo Imperatore in questo modo (1):

» Giudicate voi, o mansuetissimo Imperato-
» re, a chi debba piuttosto obbedirsi, se a Dio,
» o agli uomini : giudicate voi a qual potestà
» si debba piuttosto resistere, se a quella che
» Dio onnipotente ordinò in Pietro e che pre-
» pose a tutta la Chiesa, ovvero all'ordinazione
» di Gregorio Siracusano, a cui debbe dirsi :
» Guai a quell'uomo per cui tanti scandali son
» venuti nella Chiesa di Gesù Cristo; ed il quale
» una volta, come voi sapete, fu deposto dal
» nostro fratello e comministro Ignazio, e dal
» Sinodo a cui egli presiedeva : e questa Sede
» Apostolica fu pregata dall'istesso nostro con-
» fratello affinchè confermasse la di lui condan-
» na : ma i miei predecessori di felice me-

(1) Cod. Dipl. Sicil. Tom. I Dipl. CCLVXXIV. pag. 325.

» moria, Leone e Benedetto, usando la mode-
» razione della Sede Apostolica, non vollero
» ascoltare così una sola parte, che all'altra
» niuna difesa si riserbasse : poichè non vi ha
» mediatore che pieghi per una parte soltanto;
» per la qual cosa la deposizione di lui non
» confermata dalla Sede Apostolica restò senza
» vigore. Ma avendo saputo il medesimo Gre-
» gorio per mezzo del suo rappresentante di
» nome Zaccaria, che la Sede Apostolica non
» avea consentito alla sua deposizione, non rese
» grazie, nè si astenne dalle contumelie con le
» quali avea di già vessato il detto nostro fra-
» tello : ma abusando nella sua superbia della
» bontà di Dio e della pazienza della Sede A-
» postolica, avanzò con sì grande irriverenza la
» sua empietà contro l'istesso Patriarca Igna-
» zio, che, vivente lui, consacrò un neofito nella
» Chiesa Costantinopolitana. »

E nell'epistola scritta all'istesso Fozio scrive
di più Nicolò Papa (1) : « Primamente, giac-
» chè quando Zaccaria *il quale pretendeva es-*
» *ser vescovo*, si presentò per parte di Gre-
» gorio di Siracusa e dei suoi colleghi, alla
» Sede Apostolica, domandando che fosse rifor-
» mato il giudizio, diceva di avere tanto lui,
» che quelli da cui era stato mandato, seguito
» nell'appello questi Canoni. »

(1) Cod. Diplom. Sicil. Tom. 1. Dipl. CCLXXXVI.

VI. Nella citata epistola accennava il Santo Pontefice che il nostro Zaccaria era privo dell'episcopato. E ben a ragione; imperocchè come attesta, ragionando di sè stesso il medesimo Zaccaria, in un' allocuzione diretta ai Padri dell'ottavo Concilio Generale alla sessione IV, fu egli da Benedetto Papa III sospeso dall'uso dei Pontificali, fintantochè non venisse nuovamente a Roma insieme con Gregorio di Siracusa e con gli altri compagni di scisma; e però non avendo eseguito quanto venivagli imposto, avea subìto la sentenza di condanna.

VII. Però vedendo l'intruso Fozio come la maggior parte dei vescovi di sana mente e gli uomini pii parteggiavano per l'espulso S. Ignazio, persuase all'Imperatore Michele di radunare un nuovo sinodo dei vescovi del suo partito, affin di condannare il medesimo S. Ignazio, e così distogliere i prelati ed il popolo dall'amore dell'esule Patriarca; ed in questo conciliabolo, che fu il Foziano II celebrato l'anno 859 (1), l'istesso Fozio, fattosi accusatore e giudice, insieme coi vescovi partigiani della sua iniquità, dichiarò l'istesso S. Ignazio assente deposto di dritto e di fatto, e scomunicato: e per mostrare che ciò faceva per zelo di religione, condannò di anatema tutti coloro che seguivano l'eresia degl'Iconoclasti.

(1) Labbè Tom. 9, Concil. ad ann. 859. et Nicetas in vita S. Ignatii.

VIII. Fozio poscia, temendo che il Romano
Pontefice annullasse e condannasse ciò che si
era fatto nei conciliaboli Costantinopolitani,
mandò Legati a Roma presso Nicolò Pontefice
con una epistola pseudo-Sinodica, nella quale
mentendo asseriva, che egli suo malgrado era
stato eletto patriarca invece di S. Ignazio ca-
nonicamente deposto. Persuase ancora all'imperatore Michele ed al Cesare Barda, che man-
dassero anch'essi degli ambasciatori con varii
doni al Romano Pontefice, onde ottenere la conferma della Sede Apostolica, o almeno l'invio
di suoi Legati. Fra quelli che furono incaricati
di questa legazione si annovera il nostro Zaccaria, il quale aderiva a Fozio e faceva parte
degli scismatici, siccome attesta Anastasio scrittore di quel tempo (1).

IX. Questa legazione avvenne nel medesimo
anno 859, sotto Nicolò I Pontefice, il quale
non concesse a Zaccaria di Taormina e agli altri legati scismatici l'udienza propria dei Vescovi, ma come laici li ricevette per mezzo della
presentazione di un libello nella Chiesa di Santa
Maria al Presepe, come attesta Marino Diacono
della Chiesa Romana, che fu presente a tutto,
vide tutto coi proprii occhi, e fu Legato all'i-
stesso Sinodo Costantinopolitano (2).

(1) In vita Nicolai Papæ I et in marginal. Schol. Concil.
Gener. VIII. Act. II.
(2) Concil. General. VIII. Act. IV.

X. Fu lungamente disputato tra l'istesso Marino Diacono e il nostro Zaccaria nella sessione IV di questo Concilio, se mai un solo libello si fosse presentato dal medesimo Zaccaria prima di essere ricevuto da Nicolò Papa, ovvero due: asserendo Zaccaria di aver presentato soltanto il libello della professione della fede; e dicendo al contrario Marino di aver lui presentato ancora un altro libello, in cui protestava di voler seguire i decreti della Sede Apostolica. E che certamente presentò Zaccaria in quel punto due libelli, ne fa espressa testimonianza Anastasio (1).

XI. Nondimeno, essendo Zaccaria dotato di grande ingegno, indusse Nicolò Papa a sospendere la decisione sulla vertenza di Fozio, fintantochè mandati suoi Legati in Costantinopoli, ne fosse meglio informato. Furono adunque l'anno seguente 860 il giorno 25 di Settembre mandati Radoaldo Vescovo Portuense e Zaccaria di Anagni a Michele Imperatore ed allo intruso Fozio con lettere del medesimo Nicolò, che furono poi trascritte nella quarta sessione del medesimo concilio. E questi Legati non tanto corrotti dai doni, quanto atterriti dalle minacce imperiali, malamente eseguirono la loro incumbenza; giacchè oltrepassando le ricevute facoltà, celebrato nell'anno 861 un altro

(1) In Margin. Scholio Act. IV. Concil. Gener. VIII.

conciliabolo di circa 318 Vescovi, confermarono
la ingiusta condanna d'Ignazio e la illegittima
intrusione di Fozio. La qual cosa fu poscia e-
secrata dal Concilio Romano IV; tenuto sotto
l'istesso Nicolò I l'anno 863; (1) nel quale
i Legati della Sede Apostolica che malamente
aveano eseguito il proprio ufficio, vennero scomunicati e deposti, Fozio e Gregorio di Siracusa condannati, e S. Ignazio restituito alla Sede
di Costantinopoli. Sulle quali cose l'istesso Nicolò scrisse nel medesimo anno a Michele Imperatore, informandolo particolarmente della de-
gradazione di Gregorio Siracusano (2). Insieme
con Gregorio fu condannato il nostro Zaccaria
e tutti gli altri vescovi della medesima stampa,
come rilevasi da ciò che l'istesso Nicolò scrisse
al medesimo Imperatore il giorno 13 Novembre dell'anno 866. Ecco le sue parole: *Dite
adunque di grazia, o Imperatore; essendo
così le cose, come non dobbiamo noi aiu-
tare Ignazio? o come possiamo astenerci dal
condannare meritamente Gregorio e quelli
che parteggiano con lui?* (3)

XII. Intorno a questo tempo il greco Patriarca
affin di legare a sè maggiormente Zaccaria di
Taormina, compagno della sua empietà, lo innalzò all'onore di arcivescovo. Di egual dignità

(1) Labbè T. Concilior. citatis annis 861 et 863.
(2) Cod. Diplom. Sicil. Tom. I. Diplom. CCLXXXII.
3) Ibid. Diplom. CCLXXXIV.

fu rivestito il vescovo di Messina, ed all'onore di Metropolitani furono elevati quello di Siracusa, e l'altro di Catania; al Siracusano però, come autore primario dello scisma, fu data suprema potestà sopra tutti gli altri vescovi di Sicilia, ma a quello di Catania non fu dato alcun suffraganeo. Epperò nella disposizione di Leone Imperatore soprannominato il Sapiente, scritta circa l'anno 886, (1) dopo il vescovo di Catania viene enumerato quello di Taormina, e poscia gli altri vescovi della provincia di Sicilia, tutti insieme soggetti al Metropolitano di Siracusa. L'istessa cosa riferisce Nilo Archimandrita soprannominato *Doxopatrio* nel Trattato delle cinque sedi Patriarcali, scritto in Palermo per ordine di Ruggiero re di Sicilia. (2)

XIII. Non ignoriamo che sopra questi monumenti non può interamente acquietarsi l'animo de' leggitori, mentre fra le città vescovili soggette al Primate di Siracusa, si enumerano molti luoghi, parte de' quali furono sempre deserti, e parte non furon mai decorati della vescovile dignità. Però così volesse Dio che i nostri vescovi giammai avessero peccato, e giammai ottenuto dignità cosiffatte qual mercede della loro empietà! ma gli Atti del riferito Concilio Ecumenico VIII scoprono così manifestamente il delitto de' nostri Padri, che è impossibile il ne-

(1) Ibid. Dipl. CCXCII.
(2) Lib. I. Cap. 24.

garlo del tutto, o il benignamente scusarlo. In questo tempo adunque, o certamente poco prima, quando cioè la Sicilia fu per la tirannide di Leone Isaurico divelta dalla Chiesa Romana, e soggettata al Patriarca di Costantinopoli, furono introdotte in Sicilia le dignità Metropolitane e gli Arcivescovi : imperocchè dal I secolo del Cristianesimo sino a' tempi del medesimo Leone, le Chiese di Sicilia, soggette immediatamente al Romano Pontefice, non avevano alcun Metropolitano o Arcivescovo, come abbiamo· dimostrato nella nostra Dissertazione sulla ecclesiastica polizia della Sicilia (1).

XIV. E per ritornare alla storia del nostro Zaccaria, diciamo, che non acquetandosi Fozio e i di lui seguaci alla decisione del Concilio Romano, i mali della Chiesa Costantinopolitana si fecero sempre più gravi; per riparare i quali fu celebrato il predetto Concilio Costantinopolitano IV ecumenico VIII sotto Adriano Papa II, e sotto l'imperio di Basilio Augusto, l'anno di Cristo 869, cominciato il giorno 5 di Ottobre, e terminato l'anno seguente all'ultimo giorno del mese di Febbraro. In questo Concilio alla sessione IV, che ebbe principio il giorno 13 di Ottobre, e continuò per due giorni successivi, si trattò particolarmente del nostro Zaccaria. Prese a parlare il patrizio Baane, Vicario di

---

(1) Cod. Diplom. Sicil. Diss. 2.

Basilio Augusto, dicendo di esservi due Vescovi consecrati dal Beato Metodio, Teofilo e Zaccaria, i quali asserivano d'avere riconosciuto Fozio, perchè la Chiesa Romana lo avea stimato degno della comunione cattolica. Esser quindi necessario che fossero ammessi nel santo Concilio e di nuovo giudicati; giacchè essendosi dapprima fatto il loro giudizio nella sessione II, in essa quanti erano Vescovi consacrati da S. Metodio, che si erano macchiati dello scisma di Fozio, aveano presentato un libello di ritrattazione. Però non tutti, ma dieci soltanto, fra i quali il nostro Zaccaria e Teofilo Amoriense non sono annoverati, vollero ricevere e sottoscrivere il libello mandato da Adriano Papa sulla riconoscenza del primato della Chiesa Romana; e così esclusi tutti gli altri, questi dieci soltanto erano stati ammessi alla comunione.

XV. Era presente al Concilio Marino Diacono della Chiesa Romana e Legato, il quale conosceva pienamente l'insolenza di Zaccaria e di Teofilo, da quando eran costoro venuti in Roma come ambasciatori di Michele Augusto e del Cesare Barda presso Nicolò I Pontefice: laonde così egli come i suoi colleghi fortemente si opposero a che i predetti vescovi degradati Zaccaria e Teofilo fossero ammessi al Concilio, ma vollero che soltanto fossero ascoltati per mezzo di legati. Mandarono dunque ad essi non vescovi nè sacerdoti, ma due chierici ed un laico per interrogarli da chi fossero stati consacrati, e con chi comunicassero. A questi risposero Zaccaria e Teofilo : *Noi fummo consacrati da Metodio, e comunichiamo con Fozio Patriarca* (1). Alla quale risposta, che fu riferita al Santo Concilio Ecumenico, tutti ad una voce esclamarono : *E sia comune con quella di Fozio la sorte di Teofilo e di Zaccaria* (2).

XVI. Ciò non ostante il patrizio Baane, d'accordo col Senato, ossiano gli altri ministri dell'Imperatore, insieme con tutti i vescovi greci, efficacemente insistè presso i Legati Romani, affinchè i vescovi seguaci di Fozio, onde non dicessero di essere stati oppressi dalla prepotenza, fossero intesi direttamente, o per difendersi, o per essere palesemente confutati; ed in caso diverso, egli diceva, che non avrebbe accettato gli Atti del Concilio, per non dirsi che i Padri avesser voluto pronunziare la sentenza di deposizione e di condanna contro gli assenti. Ma all'istesso Patrizio si opposero i Legati Apostolici, giudicando che i predetti Zaccaria e Teofilo non ignoravano la sentenza data dalla Romana Chiesa per Fozio e per sè stessi, cioè la loro condanna pronunziata in Roma da Nicolò Papa I; ma pur nondimeno af-

(1) **Nos Domini Methodii sumus consecratio, communicamus autem Domino Photio Patriarchæ.**
(2) **Sit portio Theophili et Zachariæ cum Photio.**

fermarono che potevano essi entrare nel Santo Concilio, non già per discutere, ma per ascoltare l'Epistola del Beatissimo Nicolò Pontefice. Alla determinazione de' Legati s'acquietò il patrizio Baane, stimando conveniente ed opportuno che gli stessi vescovi Zaccaria e Teofilo sentissero in cospetto del Concilio il giudizio del Papa Nicolò; acciocchè se altro non avessero ad opporre, persuasi almeno s'acquietassero, sottomettendosi alla propria condanna.

XVII. Pria di entrare nel Sinodo, Zaccaria e Teofilo furono dimandati da' Legati Romani se tenevano il libello che dichiarava la loro resipiscenza, per produrlo nel consesso; o se fossero piuttosto disposti a recitarla a voce. I giudici risposero, che essi ne erano privi, ma che intanto vessavano la moltitudine, attestando che a Roma erano stati in comunione col Papa Nicolò: poichè al tempo stesso in cui questi accolse Zaccaria e Teofilo, avea egli comunicato anche con Fozio, con cui quei due Vescovi consentivano: pertanto se Nicolò avea comunicato con Fozio in persona dei legati della sua fazione, senza dubbio era stato riconosciuto Patriarca dalla Sede Romana, e come tale non era colpito da veruna punitiva sentenza. Per queste ragioni fu d'uopo ammetterli nel Concilio ad esporre personalmente le loro ragioni di discolpa.

XVIII. Non erano ancora entrati, ed un'altra contesa suscitossi, pretendendo Baane cogli altri magistrati, che essendo stati Zaccaria e Teofilo consacrati non da Fozio, ma da S. Metodio, non solo si avessero il loro grado in seno al Sinodo, ma si ammettessero ancora alla professione della formola Romana, ond' essere così redintegrati nelle loro sedi. Ma tantosto questa difficoltà scomparve; poichè ammessi alfine quei due Vescovi nel Sinodo, e per la protezione del patrizio Baane più tenaci nello scisma, risposero protervi che nulla udir volevano di ritrattazione, e che non erano quivi venuti spontaneamente, ma per ordine dell'Imperatore, che avea loro imposto di ritrovarsi in quell'adunanza.

XIX. Nè paghi ancora di sì grande temerità, cominciarono a mentire senza alcun ritegno in pieno Sinodo, protestando che inviati come legati da Fozio al Papa Nicolò, questi li avea riconosciuti, ed onorati quali Vescovi, e che essi a vicenda con tal carattere aveano trattato col Romano Pontefice; chiamando a testimone dell'impudente menzogna Marino Diacono della chiesa Romana, e come legato ivi presente. Ma dalla relazione di lui, che abbiamo più avanti prodotta, e dalle lettere dell'istesso Nicolò dirette all'Imperatore Michele, ed all'istesso Fozio, furono convinti dell'evidente menzogna, restandone già del tutto, e pubblicamente persuasi sì Baane che gli altri Patrizii.

XX. All'udire queste aperte menzogne di Teofilo e di Zaccaria, Teodoro Vescovo di Stauropoli, si ricredette di quel che avea prima sentito intorno al Pontefice Nicolò, quasi che avesse cioè prima approvato, ed indi condannato Fozio. Ma non per questo si mostrarono pentiti Zaccaria e Teofilo, anzi perdurarono nello scisma. Teofilo infatti con giuramento asseriva di essere stato in vera comunione con Nicolò anche nelle sacre funzioni : che più? propugnava per legittima l'ordinazione di Fozio, che diceva approvata non solo dal Papa, ma ben anco dalle chiese di Antiochia, e di Gerusalemme; però attestando l'opposto i legati di quelle sedi Patriarcali, fu un'altra volta convinto di menzogna manifesta in una al suo collega.

XXI. Ciò non pertanto Baane e gli altri ufficiali dell'Imperatore tentarono di richiamare a più sani consigli quei due pervicaci per altra via. Interrogarono i Legati della Sede Apostolica, se mai quei due Vescovi deposti pria di essere ricevuti in comunione dal Papa avessero professato la formola della Fede Romana; opinando quei distintissimi magistrati, che si renderebbe per tal mezzo evidente la loro contumacia, sicchè rigettando ulteriori cavilli, si potessero ridurre a pentimento. Alla risposta dei Legati, che affermavano di essersi firmato il libello, comprendendo Zaccaria e Teofilo dove andava a parare quella proposta, subito l'interruppero dicendo : *ne sottoscrivemmo un solo, ovvero due?* a cui i Legati : *due ne sottoscriveste :* e tosto essi risposero che non erano stati due, e quindi asserivano non doversi alcun riguardo alla loro testimonianza, poichè in quell'epoca non eransi trovati in Roma. Ma di novella menzogna li convince una nota marginale di Anastasio scrittore di quei tempi, più avanti riferito. Quindi i Legati Romani ordinarono che fossero giudicati come spergiuri e ricaduti nello scisma, proponendo al consesso che s'interrogassero quei due vescovi prevaricatori, se volevano sottoscrivere la formola romana, o pur no : e di ciò richiesti, con arroganza ed ostinazione non dubitarono di rispondere, che non volevano sapere di alcuna professione. Quindi come incorreggibili vennero cacciati dal Sinodo, confessando l'istesso Baane che indarno erasi loro accordata udienza e luogo di difesa. Alla loro partenza disse Baane intorno a Zaccaria, il quale vantavasi di essere stato ammesso nella comunione del Papa Nicolò, mentre già avea confessato di essere stato sospeso dal di lui predecessore Benedetto III dall'ufficio vescovile, che per non lasciare indecise queste due contradittorie asserzioni, si esaminasse ancor più diligentemente la sua causa. Al che i Legati Apostolici risposero, che poichè Zaccaria non era seco stesso coerente,

dovea confondersi con coloro che non comuni-
cano colla Chiesa, e ritenersi come fautore di
coloro che fecero delle ree macchinazioni contro la Chiesa di Costantinopoli ed il suo santo
Patriarca Ignazio; nonpertanto potersi di nuovo
udire in altra sessione.

XXII. Poscia tenutasi la quinta sessione il
giorno 20 di Ottobre, nuovamente comparve
il già Vescovo di Taormina, perchè si sentissero le sue contradittorie asserzioni; e nel principio di quella Paolo Cartofilace della Chiesa
Costantinopolitana disse ai Padri del Concilio,
che come giusta le ordinazioni del Sinodo, nella
precedente Sessione erasi presentato Zaccaria,
così anche Fozio vi era stato invitato dall'Imperatore. Al sentire quei Padri trovarsi ivi l'i-
stesso autore dello scisma, poco curando l'ul-
teriore esame di Zaccaria, già abbastanza in-
teso e condannato, si rivolsero a Fozio, che
andava per ogni dove schiamazzando di essere
stato dalla Chiesa di Roma punito senza prima
essere ascoltato, per confonderlo in pieno Concilio, e convincerlo in faccia a tutta la chiesa
militante. Ritrovato quindi allora, e nella settima sessione tuttora pertinace nella sua empietà, di nuovo anatema fu colpito per unanime
consenso del santo Concilio, insieme a tutti i
suoi seguaci e fautori, tra cui Gregorio già
Arcivescovo di Siracusa.

XXIII. Si fu questa la fine della luttuosa tra-

gedia di Zaccaria, che indegno di più reggere
la santa Chiesa di Taormina, deposto dal suo
grado, troppo sciaguratamente vide in sè com-
piersi quella profetica minaccia : *Altri occu-
perà il suo seggio vescovile* (1) . Che cosa
indi sia addivenuto di lui , cioè se sia rimasto pervicacemente nell'errore sino alla morte,
o se piuttosto rinsavito avesse abiurato lo scisma non osiamo asserirlo, mancandoci i documenti dell'antichità. Tuttavolta ci piace opinare
che alla fine cessata la sua contumacia, e condannato Fozio , fosse ritornato all' unità della
Chiesa: poichè nell' anno 879 sotto il Papa Giovanni VIII fu celebrato il falso Sinodo Ecumenico Costantinopolitano VIII, nel quale venne
restituito Fozio nella Sede di Costantinopoli ,
vacante allora per la morte del Patriarca Ignazio, si rescissero temerariamente gli atti del
vero VIII Concilio Ecumenico , e si cancellò
dal Simbolo la voce *Filioque*. A questo Conciliabolo, che fu di recente pubblicato nell'ultima
edizione di Filippo Labbè (2), intervennero quasi
tutti i vescovi aderenti a Fozio, in numero di
385, i di cui nomi si trovano descritti sul principio di esso. Ma però non troviamo fra i Vescovi che sottoscrissero, il nostro Zaccaria.

(1) Episcopatum ejus accipiet alter.
(2) Tom. XI. Concilior.

CAPO XVIII.

Di Gregorio Ceramco Arcivescovo.

I. Francesco Scorso confondendo Gregorio Cerameo con Teofane dell'istesso cognome, ed Arcivescovo della medesima chiesa, credette che l'uno e l'altro fossero stati un solo personaggio con due nomi, e tradusse le omelie di ambidue sul testo di molti codici man scritti, illustrandole con sue note, ed importantissime prefazioni, e le pubblicò in Parigi l'anno 1644 in greco ed in latino sotto il solo nome di Teofane, con questo titolo : *Sapientissimi, et eloquentissimi Theophanis cognomento Ceramei archiepiscopi Tauromenii in Sicilia homiliae in Evangelia Dominicalia, et Festa totius anni.* In quelle prefazioni lo Scorso con molta eloquenza compilò la vita di Teofane, trattando partitamente della di lui patria ed educazione, dei viaggi e del vescovato, dello zelo e sollecitudine per la sua Chiesa, delle insidie e persecuzioni sofferte per essa, della esimia sua umiltà e disprezzo del mondo, della sua dottrina, del metodo e stile di sua eloquenza, e sopra tutto dell'epoca in che resse la Chiesa di Taormina.

II. E certamente con non poche ragioni egli

stabiliva che Teofane avesse fiorito al IX secolo:
ma Leone Allazio di gran lunga discordando
da questo parere, sostiene che Teofane fiorì
assai dopo quell' epoca; cioè quando Ruggiero
duce Normanno, cacciati i Saraceni, dominava
in Sicilia. Quindi avvenne che riguardo all'e-
poca di questo Teofane l'istesso Pietro Lambecio (1), uomo altronde assai cauto si mostrò incerto, e mal fermo: ora dicendo di aver
Teofane illustrato la Chiesa di Taormina al secolo IX, ed ora al XII.

III. Sembra intanto che le stesse Omelie di
Cerameo abbiano dato incentivo a questi scrittori di tanto varie opinioni; poichè in parte appartengono al IX secolo, in parte all' XI o XII.
Sembrano della prima classe quelle ove l'autore chiama signori di Sicilia gl' Imperatori,
certamente Greci, e parla degli Agareni ed
Ismaeliti, cioè Saraceni, che tentavano di invadere Taormina, come nell' Omelia sulla
donna che era travagliata da malattia, nel cui
esordio il nostro Cerameo riprende gli empj
che cospiravano nella chiesa di S. Giovan Battista per cacciarsi Isacco, cioè l'Imperatore legittimo, ed introdursi Ismaele, cioè il duce Sa-
raceno: nell' Omelia sulla parabola della cena,
ove per quell' uomo che negossi di venire

(1) Comment. Biblioth. Caesar. Vindobon. tom. 4, p. 251.
tom. 5, p. 328 et 365, et tom. 8, p. 96.

per avér contratto matrimónio, intende i. confinanti Saraceni posteri d' Ismaele, che scam-
-biandosi a vicenda le mogli sono nati quasi a
modo di bestie per la libidine : nell' Omelia
sulla venuta dello Spirito Santo, ove lo prega
per l'Imperatore contro gli stessi Saraceni dicendo : *Sii difensore del nostro piissimo Im-*
peratore contro gli empii figli di Agar; e per
non essere prolissi, nell' Omelia sull'Esaltazione
della Santa Croce, ove l'eloquentissimo scrittore parla così alla Croce medesima : *Corro-*
bora di tua virtù i nostri fedeli imperatori,
e confermali contro gli empj Ismaeliti, che
spregiano la tua adorazione. Da questa omelia Giacomo Gretsero (1) asserisce raccogliersi
chiaramente l'epoca dello scrittore, dicendo :
Cerameo visse in quel tempo in cui la Si-
cilia, o certo una sua parte, tuttora obbe-
diva all'imperatore di Costantinopoli, come
rilevasi dalla fine dell' omelia sulla Croce,
ove invocandola prega che sia di sostegno
all' Imperatore contro gli empii Ismaeliti
che ne disprezzavano l'adorazione.

IV. All'incontro però molte altre Omelie che
sono con le precedenti indistintamente pubblicate, sembrano non avere alcun rapporto col IX
secòlo . Così è l'Omelia su di Lazzaro risusci-

(1) De Cruce Tom. 2 not. ad Homilias Theophanis Ceramei.

tato, ed altre, nelle quali il nostro Cerameo cita Simeone Metafraste, scrittore celebre presso i Greci, il quale visse dopo la metà del secolo X (1). E omettendo le altre, l'Omelia sulla sollennità delle Palme recitata innanzi *il re Rogo*, cioè *Ruggiero*, Principe Normanno e Signore di Sicilia; giusta la interpretazione che dietro apposito esame danno di questa Omelia Leone Al'azio (2), Guglielmo Cave (3), Antonio Paggi (4), Pietro Lambecio (5), il Du-Pin (6), e Casimiro Oudin (7), i quali eruditamente rigettano quanto in contrario avea detto lo Scorso, che non sapendo conciliare il nome di Ruggiero Re di Sicilia col contesto della stessa Omelia, trasportando le parole di Cerameo ad altro senso, invece di Ruggiero Re intese l'Imperatore Basilio.

V. Ad evitare un così enorme paracronismo fa bisogno ammettere che due fossero stati i Vescovi di Taormina della medesima famiglia: uno di nome Gregorio e l'altro Teofane, am-

---

(1) Graveson hist. Eccles. tom. 4 coll. 5, prope finem.
(2) Diatriba de Simeonum scriptis pag. 60 et seq.
(3) Hist. Liter. Script. Eccles. Sec. XI ad num. 1040.
(4) Crit. Baron. ad ann. Chr. 1152. Sect. 12 N. 8 et seq.
(5) Coment. Caesar. Bibliot. Vindobon. tom. V pag. 328 et 365, et tom. 8 pag. 98.
(6) Bibliot. Eccles. tom. 8 Cap. 12 pag. 111.
(7) Commen. de script. Eccles. tom. 2 an. Chr. 1140 pag. 1185.

bidue però appellati con lo stesso cognome di Cerameo. La qual cosa avvertì già prima di noi l'erudilissimo Francesco Combefis (1), il quale trovò nella Biblioteca del Cardinal Mazzarino, oggi annessa alla Biblioteca reale di Francia, le Omelie dell'uno e dell'altro Cerameo in codici separati, che non furono visti nè da Scorso nè da Allazio; e questa opinione è seguita da Antonio Paggi che cita l'allegato Combefis (2).

VI. E certamente lo Scorso, il quale confonde in uno i due Ceramei, e aprì agli altri la via di tal confusione, sembra certamente degno di scusa : imperocchè credeva che dopo la invasione di Taormina f.tta dai Saraceni, fosser venuti meno tutti i Vescovi di quella Chiesa, ingannato in ciò da Rocco Pirri, il quale facendo il catalogo dei Vescovi di Taormina, sebbene distingua Gregorio da Teofane, pure stabilisce due periodi come termini fra i quali stima certo di essere l'uno e l'altro vissuti : cioè l'anno 869 in cui Zaccaria fu deposto dal Concilio Generale VIII e Costantinopolitano IV, e l'anno 878, nel quale opina di essere stata Taormina espugnata da' Saraceni.

---

(1) Bibliot. Concion. Patrum T. I verbo Gregorius Cerameus Taurom. Ep. pag. 14 et verbo Theoph. Ceram. Taurom. Ep. pag. 46.
(2) Chritic. Baron. ad ann. Chr. 1132 sect. 12 N. 8 e seq.

E così nella strage e nell'afflizione comune prodotta da quella invasione, stimò Pirri di essersi
estinto l'Episcopato e quasi sepolto con Cerameo. Il di lui errore adunque seguendo incon-
sideratamente lo Scorso, potè facilmente per-
suadersi che in quel breve spazio di anni, corso
dal Sinodo Costantinopolitano alla caduta di
Taormina, vi fosse stato un solo Cerameo; ed
ingannato ancora dalla corrispondenza del tempo, del luogo, e del cognome stimò che Gregorio e Teofane fossero stati un sol uomo con
due nomi. E frattanto nè il Pirri, nè lo Scorso
che ne seguì l'opinione, avvertirono, che durante il giogo saracenico in Sicilia, così a Taormina come alle altre città furon dati i proprii
Vescovi, non certo ordinarii ma titolari, consacrati dal Patriarca di Costantinopoli; ed i
quali non è a dubitarsi che siano stati molti,
come combattendo l'errore del Pirri e dello
Scorso, osservò l'eruditissimo Antonio Paggi(1).

VII. Non credo però che dell'ugual maniera
possano scusarsi il Du-Pin (2), e Casimiro Oudin (3), i quali dopo d'aver rettamente fatto
distinzione di due Ceramei, Gregorio e Teofane, mutato parere, malamente ritrattarono ciò
che prima bene aveano scritto; e così confondendo Teofane con Gregorio, ne fanno un solo

(1) Critic. Baron.
(2) Bibliot. Eccles.
(3) Commen. ad Script. Eccl.

Arcivescovo avente due nomi , e pretendono
che sia vissuto sotto Ruggiero Re di Sicilia figlio del Conte dell'istesso nome, circa l'anno
1140. Nè io so che cosa possano rispondere
questi autori a quel validissimo argomento che
si ricava dalle stesse Omelie : da quelle cioè
sopra riferite, nelle quali fassi menzione de' Saraceni che si sforzavano d'espugnare Taormina,
e da tutte le altre scritte in lingua ed in istile
greco. Imperocchè sebbene al tempo di Ruggiero I poteronvi essere alquanti Vescovi Greci,
ordinati prima della sua venuta in Sicilia, niuno
però ve ne fu al tempo di Ruggiero II : sì perchè quelli non poterono al certo aver così lunga
vita da arrivare sino al tempo di Ruggiero II
all'anno di Cristo 1140, come ancora perchè
gli stessi Principi Normanni , per nulla amici
dei riti grecanici , non presentarono a'vesco-
vadi se non che Latini, siccome abbiamo pienamente dimostrato nel nostro qualunque Trattato *De Divinis Officiis Siculorum* (1). Ove
mostrammo dippiù (2), che le Omelie pubblicate dallo Scorso sotto il nome di Teofane ,
furono veramente disposte secondo il rito greco , e ciò provammo chiaramente dall'Omelia
sulla Indizione, ossia sul principio dell'anno,
dall'altra sulla Domenica precedente la festa

(1) Cap. 12 N. 12 et seq.
(2) Cap. 8 N. 8.

dell' Esaltazione della Santa Croce, da quella
sulle Sante Immagini, dalle altre sopra undici
Evangeli matutini, e da tutte le altre sugli E-
vangelii delle Domeniche, disposti con quell'ordine medesimo con cui leggonsi nella Chi.sa
Greca; cioè in modo che prima si leggesse il
testo d'un Evangelista diviso in lezioni, poscia
d'un altro, quindi del terzo, e finalmente del
quarto, come provasi dallo stesso Cerameo sul
principio dell'Omelia V fra le pubblicate da
Francesco Scorso (1).

VIII. Il sullodato Combefis non volle definire
quale dei due Vescovi dell'istesso cognome fosse
stato prima e quale dopo. Tal circospezione non
usò Pirri, non dubitando d'improvvisare gra-
tuitamente che Teofane fosse più antico di Gregorio (2); e la di lui sentenza fu seguita da
Girolamo Renda-Ragusa nella sua Biblioteca Si-
cola degli antichi scrittori (3). Il contrario però
hanno affermato altri scrittori, parte sopra ri-

---

(1) Quoniam hodie in Ecclesia Evangelium ex Luca cæ-
ptum est recitari, sic enim faciendum Patres jam ab ini-
tio censuerunt ut Joannis quidem Evangelium legeretur ab
ipso reviviscentis Christi claro die usque ad eum quo de-
scensus Sancti Spiritus celebratur, et exinde inchoata quæ
scripsit D. Matthæus una cum anni fine terminarentur:
deinceps vero magno Luca de magnis mysteriis institue-
retur Ecclesia, divino Præconi Marco jejuniorum tempore
relicto, age jam queramus quid sit Evangelium.
(2) Notit. Eccles. Taurom.
(3) Verbo Gregor. Ceram, et verbo Theophanes Ceram.

feriti, parte che citeremo più sotto, ai quali piacque il dire che Gregorio fosse anteriore a Teofane. Le Omelie raccolte in un sol corpo e intitolate or col nome di Teofane ed or di Gregorio, non danno certamente a conoscere a quale dei due si debbano assegnare le più antiche a quale le più recenti.

IX. Però riportando Gregorio ad una data più antica, non crediamo imprudente congettura l'assegnare Teofane ad un tempo posteriore, argomentando ciò dai codici manoscritti della Imperiale Biblioteca di Vienna. Infatti, come attesta il surriferito Lambecio ne' Commentarii della stessa Biblioteca, trovansi in essa più codici manoscritti sotto il nome del medesimo Cerameo Arcivescovo di Taormina, e specialmente nella classe de' Teologi Greci, fra i quali vi ha il codice CXI, che contiene undici Omelie sopra altrettanti Evangelii Matutini; le quali poichè non portano il nome di Gregorio ma di Teofane, e nel quarto e quinto Matutino fanno menzione del Metafraste, conoscendosi d'appartenere al secondo Cerameo, senza dubbio ci portano a stabilire che Teofane fosse stato posteriore a Gregorio.

X. Fra tutte le quistioni adunque che sopra i due Ceramei di Taormina si agitano, due cose sembrano potersi stabilire come certe: la prima è che Teofane non deve affatto confondersi con Gregorio, la seconda è che Gregorio precedette

per lungo tempo Teofane. Resta ora ad esaminare in qual tempo precisamente siano vissuti l'uno e l'altro Cerameo ed abbiano governato la Chiesa di Taormina. E riservandoci a
suo luogo ed al proprio tempo la discussione
sull'epoca e sull'Episcopato di Teofane, stimiamo opportuna cosa il ragionare qui soltanto
di Gregorio.

XI. Che Gregorio non sia stato Vescovo di
Taormina prima dell'anno 842, sembra certo
dall'Omelia recitata nella festa della restituzione
delle Sante Immagini, che è la vigesima fra
le pubblicate dallo Scorso; e la quale giusta
la testimonianza del citato Combefis, è una di
quelle che appartengono veramente a Gregorio,
e non già a Teofane. Una tal sollennità infatti
fu istituita nel sudetto anno 842 alla Domenica
prima di quadragesima, detta altrimenti *la Domenica dell'Ortodossia delle sante Immagini* (1). E ciò avvenne, quando celebrato il Concilio Costantinopolitano fu condannata l'eresia
degl'Iconoclasti, che potente e furibonda avea
travagliato per centoventi anni la Chiesa, e fu
restituito con solenne pompa il pubblico culto
delle Sante Immagini, intervenendo alla sacra
funzione nel tempio l'Imperatore Michele, il
Senato, il Clero e tutto quanto il popolo, insieme con S. Metodio costantissimo difensore

(1) Baron. ad ann. Chr. 842.

della Fede Ortodossa, e che avea succeduto nella sede Patriarcale all'eretico Giovanni diggià discacciato.

XII. È chiaro adunque che prima del citato anno 842 non può dirsi aver fiorito Gregorio, come nè anche immediatamente dopo la istituzione della festa delle Sante Immagini; imperocchè da S. Metodio, che appena quattro anni occupò il Patriarcato, fu consacrato Zaccaria, il quale tenne la Cattedra di Taormina sino all'anno 869, quando riconosciuto pertinace nello scisma di Fozio, per unanime consenso de' Padri del Concilio Generale VIII e Costantinopolitano IV fu deposto. Ciò possiam dire intorno al principio dell'Episcopato di Gregorio, parliamo ora della fine del suo governo.

XIII. Da ciò che sopra abbiam detto chiaro si dimostra che Gregorio visse prima che Taormina fosse presa da' Saraceni: imperocchè essendo certissimo che all' anno vigesimoquarto dell'Impero di Leone e d'Alessandro, cioè l'anno di Cristo 910, i Saraceni s'impadronirono dopo lungo assedio di Taormina, ed essendo ancor certo dalla storia di questa invasione scritta da Giovanni Diacono della Chiesa Napolitana, che alla espugnazione di Taormina fatta da' Saraceni trovavasi Vescovo di quella Chiesa S. Procopio, siegue che Gregorio fiorì prima della caduta di Taormina, e che il di lui Episcopato non può affatto estendersi nè prima dell'anno 869 nè dopo il 910.

CAPO XIX.

—

De' Santi Attalo Abbate, Luca Monaco, e Daniele compagno di Elia di Castrogiovanni.

I. Di Santo Attalo, Abbate del Monastero di
S. Benedetto in Taormina, non si conosce se
non che il solo nome e il giorno della festività, restando pienamente sconosciute le sue
gesta ed il tempo in cui visse. Fintantochè
adunque non si faccia più chiara luce fra le
tenebre della negligente antichità, onde riesca
più nota la di lui storia, bisogna contentarci
di quel breve elogio che ne scrisse un anonimo Monaco Benedettino circa l'anno di Cristo 1483 in una cronaca che prima apparteneva a Pietro Recordato Buggiani, scrittore
della St.ria Monastica, e p.i all'Abbate Costantino Gaetano, fratello di Ottavio Gaetano scrittore delle vite de' Santi siciliani. In quella cronaca si legge così : *S. Attalo Abbate del Monastero posto presso Taormina di Sicilia,
la di cui festa si celebra il giorno 3 di A-
prile*. Per la notizia ricavata da questa cronaca
parlano di S. Attalo l'istesso Ottavio Gaetano (1),

—

(1) Tom. 2 Sanct. Sicul. pag. 32.

Filippo Ferrari (1), Ugone Menardo (2), Gabriele Beccelino (3), e i Bollandisti (4). I quali sebbene riportino questo Santo Confessore ad una data incerta, si mostrano nondimeno convinti che avesse con la sua santità illustrata la Chiesa di Taormina prima della venuta dei Saraceni in Sicilia.

II. Un po' più conosciuta è la storia di S. Luca Monaco, la di cui vita riferiscono i Greci nei grandi *Menei* sotto il giorno 6 di Novembre. La qual vita, tradotta in latino, primo fra tutti pubblicò Ottavio Gaetano, riportando questo Santo all'anno di Cristo 800; non già perchè da' *Menei* ricavisi una certa notizia di tal epoca, ma perchè stimò verisimile che S. Luca avesse professato la vita solitaria, l'esimia povertà, e l'ammirabile penitenza, certo in quel tempo, in cui fervendo lo spirito dell'istituto monastico in Sicilia, non erasi ancora raffreddato per la invasione de' Barbari, che ogni cosa divina ed umana manomisero. Avendo noi confrontata la versione del Gaetano col testo greco, ci siamo accorti che essa ha bisogno di qualche correzione; il perchè ci siamo indotti a darne qui per commodo ed utilità de' lettori una nuova e più accurata versione.

(1) Catalog. gener. Ss. die 3 Aprilis.
(2) Martyrolog. Ord. Benedict. die 3 Aprilis.
(3) Menolog. Benedict. die 3 April.
(4) Acta Ss. April. die 3 de S. Attalo Abbate.

» Luca operando con la parola cose a Dio
» piacenti, morendo sortisce la eredità de-
» siderata.

» Il Beato Luca traeva origine dalla città di
». Taormina provincia de' Siciliani. Nell' età
» giovanile, quasi a diciotto anni, attese con
» molto studio a servire nella casa del Signo-
» re, e divenne ascoltatore ed esecutore della
» divina parola. Quando però i genitori deli-
» berarono di ammogliarlo, egli di notte tempo
» fuggendo, si ritirò in un luogo solitario, dove
» abitando con le fiere, e digiunando per qua-
» ranta giorni, si rese degno di godere visioni
» e visite angeliche e divine. Quindi entrò in
» un monastero, e indossato l'angelico abito
» di Monaco, soggettossi ad un più aspro te-
» nore di vita, cibandosi per tre o quattro giorni
» la settimana di solo pane ed acqua, nè dando
» alcun sollievo di riposo al corpo. Così durò
» per diciotto mesi, quando di là partendo con
» un compagno si ridusse al monte Etna, dove
» pascevasi dell'erbe che per caso trovava, dor-
» miva pochissimo per la necessità della natu-
» ra, teneva i piedi scalzi, e non avea che una
» tonaca soltanto. Osservava costantemente la
» regola di non uscire affatto dalla cella se
» prima non avesse recitato tutto il salterio;
» poscia recitava l'officio di terza, il restante
» del giorno sino all'ora santa impiegava nel
» lavoro, e dopo l'ora sesta attendeva alla col-

» tura d'un campicello ed alla recita de' salmi.
» Dimorando in questi esercizii si rese degno
» d'essere colmato di grandissimi divini favori
» e della intelligenza di cose arcane, cosicchè
» molti sorpresi dicevano : come mai è costui
» così istruito, non avendo per lo innanzi ap-
» prese le lettere? E dopo questo passò ad a-
» bitare in un luogo ch'egli conobbe per rive-
» lazione, e riunendovi dodici monaci, vi te-
» neva il governo di essi; per tal motivo an-
» cora si recò in Bizanzio a visitare le celle di
» quei monaci e ad abboccarsi co' Padri, e po-
» scia ritornando venne a Corinto , dove abi-
» tando non più che sette mesi in un villaggio,
» riposò in pace. »

III. Per ciò che riguarda finalmente S. Daniele, possiamo felicemente attingerne la storia della vita di S. Elia Ennese, scritta in lingua greca da un monaco anonimo, certo contemporaneamente , o per lo meno non molto
dopo la morte del medesimo S. Elia : vita che
tradotta in latino da Agostino Florito su d'un
antico codice di cartapecora del monastero del
SS. Salvatore dell'Ordine di S. Basilio di Messina , fu resa di pubblica ragione da Ottavio
Gaetano (1) . Molte cose adunque diconsi in
questo genuino monumento dell'antichità intorno a Daniele discepolo di S. Elia e com-

(1) De Ss. Sicul. Tom. 2 pag. 63 et seq.

pagno de' viaggi di lui, le quali diligentemente
raccolse e illustrò con dotte osservazioni il medesimo Gaetano : le di cui parole, poichè sembrano espressamente dirette a tessere l'elogio
del medesimo Daniele, noi non certo bramosi
dell'altrui gloria, qui interamente e fedelmente
trascriviamo (1). « Daniele nato da onesta fa-
» miglia in Taormina , fu aggregato alla vita
» monastica da S. Elia, a cui si affidò per es-
» sere istruito. Poscia si recò col suo maestro
» nel Peloponneso, onde sfuggire i mali che per
» cagion de' Saraceni sovrastavano a Taormina,
» e che da Elia eran già preveduti. Trovandosi
» ambidue presso Sparta, e pregando nel tem-
» pio de' SS. Cosma e Damiano, sopraggiunta
» la notte , Daniele si ritirò in un antro che
» stava dirimpetto al sacro tempio, ed ivi passò
» tutta la notte vegliando e conversando con
» Dio. La virtù del giovanetto suscitò la invi-
» dia de' demonii; laonde, quand' egli meno se
» l'aspettava, lo assalirono, e vessandolo ed
» affliggendolo in cattiva maniera, lo lasciarono
» quasi morto per terra. Trovollo in tale stato
» l'indomani Elia, e dicendogli che egli non
» era stato meglio trattato, incoraggiò il gio-
» vanetto contro l'impeto de' nemici, e reci-
» tata l'Orazione Domenicale, gli restituì le for-
» ze; non rimanendogli di quel conflitto se non

---

(1) Ibid. pag. 277,

» livide vestigia della flagellazione sulle spal-
» le, quasi trofeo della vittoria riportata su' de-
» monii. Tornato Daniele con Elia in Calabria,
» ritirossi in un monte, dove menando una vita
» ascetica, ed occupata in continuati esercizii
» di pietà, aprì a molti la via dell'eterna sa-
» lute. Avea egli scritto con molta maestria il
» libro del Salterio , il quale mostrando con
» compiacenza ad Elia, questi gli comandò di
» gettarlo in un vicino stagno, affinchè un a-
» more qualunque di cosa efimera, non avesse
» ad impedirgli d'elevarsi unicamente al cielo.
» Ubbidì tantosto Daniele , ma poscia allonta-
» natosi per circa sei miglia , ritornando per
» ordine di Elia, ripigliò il libro non toccato
» dalle acque; e riportò un doppio nobilissimo
» frutto dall'ubbidienza : poichè il libro non
» essendo bagnato potè servire all'uffizio divi-
» no, e restò immerso nel lago ogni affetto di
» cosa terrena. Finalmente il buon vecchio E-
» lia, stando già per morire, raccomandò a Da-
» niele, cui sommamente amava, che traspor-
» tasse il suo corpo nella città vicina, cosa che
» dovea portargli molta fatica per la difficoltà
» de' luoghi. Più che tanto non ci è dato sa-
» pere degli esercizii di pietà di Daniele, e
» nulla della di lui morte che dobbiamo cre-
» dere sia stata santa. »

CAPO XX.

Della prima invasione di Taormina fatta da' Saraceni, e di S. Procopio Vescovo e Martire.

1. Aveano i Saraceni deliberáto d'invadere la Sicilia, che era allora soggetta all'Imperatore Greco. Non poche cause favorirono il loro disegno, e fra esse la principale fu offerta da Eufemio, il quale, sotto Michele Balbo Imperatore, era Prefetto di Sicilia. Costui imitando l'esempio dell'Imperatore, che era macchiato dell'istessa pece, rapì da un monastero di Siracusa una nobile vergine consagrata al Signore, e recolle gravissima ingiuria. I fratelli dell'oltraggiata donzella portarono le loro querele a Bizanzio presso l'Imperatore, il quale, condannando sè stesso in Eufemio, ordinò che si vendicasse quel nefando delitto con la morte; comandò ad Esarco, altro Prefetto di Sicilia, che facesse mozzar le narici ad Eufemio, lo facesse tradurre alla pubblica berlina per tutta la città, e poscia così deformato e svergognato fosse dato alla morte. Eufemio perduta ogni speranza di perdono, traendo dalla sua le soldatesche, cominciò a cospirare contro l'Impe-

ratore, e recandosi in Africa, ottenne dal Principe de' Saraceni d'essere riconosciuto qual Imperatore de' Greci, sulla promessa di dare in di lui potere la Sicilia. E quindi affine di mantenere la parola data al Principe Africano, introdusse i Saraceni in Sicilia, non senza grave detrimento della Religione Cristiana.

II. Per questa occasione adunque, l'anno di Cristo 820, se dobbiamo prestar fede a Leone Ostiense, i Saraceni approdati in Sicilia, e vagando per ogni parte misero a ferro ed a fuoco con grandissima strage quasi tutta la provincia; ed eccetto soltanto Taormina e Siracusa, cui nè per lusinghe, nè per minacce, nè anche per durissimo assedio poterono astringere alla resa, nessun punto della Sicilia restò illeso dai loro saccheggi, dalle loro invasioni, dalla loro conquista (1).

III. Ma di queste due costantissime città, le quali per lungo tempo resistettero all'impeto dei Saraceni, Siracusa finalmente, regnando nell'impero d'Oriente Basilio, l'anno 880, fu presa e distrutta. Restò Taormina sola città libera (2), la quale per nulla atterrita dall'eccidio delle altre città, rese vani gli sforzi de' Barbari per quasi altri trent'anni, cioè sino al tempo dell'Imperatore

---

(1) Remansere tantum in potestate Græcorum per annos circiter quinquaginta aut sexaginta Syracusæ et Tauromenium.—*Paggi Crit. Baron. ad ann. Chr. 827 N. 5.*
(2) *Tabul. antiqu. Sicil. animad. ad Tab. 47 Cap. 3.*

Leone, soprannominato il Filosofo. Così ci attestano gravi scrittori contemporanei, quali sono Giovanni Diacono della Chiesa Napolitana, Leone Grammatico, Giovanni Curopolata, Giorgio Cedreno, Giovanni Zonara, ed altri di cui più sotto diremo. Valga per tutti Costantino Porfirogeneta, figlio e successore dell'istesso Imperatore Leone, il quale ragionando della Sicilia, dice: » Del resto ha (la Sicilia) illustri città, Siracusa » e la detta Taormina, e la stessa Agrigento, » ed altre; parte desolate, parte occupate dai » Saraceni. I quali presero Siracusa certamente » sotto Basilio celeberrimo Imperatore, Taor- » mina però sotto l'Imperatore Leone il Sa- » piente (1).

IV. Dopochè i Saraceni ebbero presa Siracusa, o certo poco prima, era Vescovo di Taormina quel Gregorio Cerameo, del quale più sopra abbiamo abbastanza ragionato. Questi nell'Omelia *sulla donna ammalata*, avvertì opportunamente il suo clero ed il popolo delle riunioni clandestine che si facevano in casa del Prefetto e nella Chiesa di S. Giovanni Battista, nello scopo di consegnare la città a' Saraceni.

(1) Cæterum insignes urbes habet Syracusas et Tauromenium dictum, ipsumque Agrigentum, et cæteras civitates, partim desolatas, partim a Saracenis occupatas. Syracusas certe sub Basilio Imperatore percelebri cæperunt Saraceni, Tauromenium vero sub Leone Imperatore Sapiente. *De Themat. Imp. lib. 2 in Them. Sicil.*

Infatti il vigilantissimo Pastore, usando di quella libertà che si conveniva ad un Vescovo dotto e santo, nulla temendo le minacce e la violenza de' faziosi, volle anche pubblicamente, e predicando dal pergamo, far consapevole di questa trama il suo gregge. « Raccolta, egli predica-
» va, una mano di faziosi, si sforzano a via di
» tradimenti di opprimerci, or facendo delle
» conventicole nella corte di Caifa, ed ora nel-
» l'Oratorio del Precursore, convertendo il Bat-
» tistero in ricettacolo d'insidie. E tutto que-
» sto perchè? perchè sia cacciato Isacco, e sia
» intromesso Ismaele. (*Allude a' Saraceni*
» *traenti origine da Ismaele*). Ma quelli al
» certo fuggono, come vedete, tostochè mirano
» le nostre guardie, e sovvertendo i più deboli
» del gregge, chiudono a guisa di aspidi le
» orecchie ad ogni esortazione. » (1)

V. Trattando del medesimo Gregorio Cerameo, abbiam più sopra trascritto altre testimonianze ancora relative a questa storia de' Saraceni. Giova quì più opportunamente ripetere

_____

(1) « Coacta factiosorum manu, per insidias nos oppu-
gnare conantur, modo in aula Caiphæ concilium facientes, modo in Præcursoris oratorio constituentes impro-
bum conciliabulum et ex Baptisterio insidiarum recepta-
culum facientes. Cujus rei efficiendæ causa? ut expellatur
Isaac et Ismael introducatur. Sed illi quidem fugiunt, ut
videtis, cum custodias animadvertunt, et imbecilliores ex
ovibus avertentes, ad hortationem aspidum instar aures
occludunt.

ciò che il medesimo Cerameo disse nell'Omelia sulla Esaltazione della Santa Croce, alla quale volgeva caldissime preghiere a favore de' fedeli Imperatori, per sè, e pel popolo devoto contro gli empii Saraceni, ch'egli, secondo suo costume, chiamava Ismaeliti. « Rafforza della tua » virtù i nostri fedeli Imperatori, e confermali » contro gli empii Ismaeliti che disprezzano » la tua adorazione. Col tuo contatto santifica » tutti noi, che siamo qui raunati a celebrare » la tua santa esaltazione, e salva da ogni as- » salto nemico il pastore insieme e la greggia » che servono a Colui che in te volontariamente » fu confitto, Cristo nostro vero Dio » (1). È anche notabile quel luogo dell'Omelia sulla Pentecoste, dove umilmente supplica il Divino Spirito affinchè serva d'ajuto a lui, al popolo, ed all'imperatore contro i medesimi Saraceni, che chiama figli di Agar, la quale fu madre d'Ismaele. « Riempi della tua grazia il Pastore » e la greggia: abbatti le avverse forze degli » invisibili nemici: spunta i loro dardi info- » cati: fa che vinciamo il loro impeto audace: » sii tu difesa al nostro piissimo Imperatore

____

(1) Corrobora virtute tua fideles nostros Imperatores, eosque contra impios Ismaelitas tuam adorationem contemptui habentes confirma. Nos autem ad celebrandam tuam sanctam exaltationem hodie congregatos, tuo contactu sanctifica, et pastorem simul et gregem ab adversariis incursibus incolumes præsta, servientes ei qui in te voluntarie fixus est, Christo vero Deo nostro.

» contro gli empii figli di Agar , e conserva
» nella pace e nella tranquillità il di lui im-
» pero. (1) » Dell'istessa maniera parla nell'O-
melia sulla parabola *della cena*, dove per l'uomo
che ricusò d'intervenire a ragion della moglie,
intende i vicini Saraceni, chiamandoli « discen-
» denti d'Ismaele, che avendo in comune le mo-
» gli, sembrano quasi bruti nati a' piaceri del
» senso. » (2)

VI. Circa questo tempo fiorì S. Giuseppe Siracusano, soprannominato *Innografo*, il quale
nella solennità di S. Pancrazio venendo in Taormina, recitò un elegantissimo inno sul medesimo santo e sulle di lui gesta, che serbiamo
presso di noi nuovamente tradotto da un Codice manoscritto di Messina. E nell'ultima strofe
di esso l'autore invoca l'ajuto a prò dei Taorminesi contro i medesimi Saraceni , e prega
che la città sia custodita incolume da' figli
di Agar. Ecco le sue parole : « Pietro, pietra
» della fede, costituì te, o Martire Pancrazio,
» qual solida base e fondamento della Chiesa;
» di unita a lui tu, o Padre, custodisci inco-

(1 Imple tua gratia Pastorem et gregem: attere robur
nobis infestum invisibilium inimicorum : tela eorum i-
gnita retunde : fac ut audaces eorum impetus supere-
mus : sis piissimo Imperatori nostro propugnator contra
impios Agar filios : ejus imperium in pace et tranquilli-
tate conserva.

(2) Posteros Ismaelis, qui alias identidem aliis permu-
tantes uxores, quasi ad coitum pecudum more sunt nati.

» lume da' figli di Agar il tuo gregge . » (1)

VII. Le medesime cose dice Gregorio Bizantino scrittore di quel tempo, il quale venendo dalla Grecia in Taormina, recitò in occasione della festa di S. Pancrazio un' elegantissima ed erudita orazione panegirica in onore del medesimo santo. Sul finire di essa, rivolgendosi a S. Pancrazio, lo prega di liberare e difendere quel popolo che celebrava la di lui memoria, dalle incursioni delle genti straniere. Così egli dice : « Tu libera dalla invasione di » straniere genti costoro che fedelmente pro- » pagano la tua gloria e celebrano la tua memo- » ria : custodisci dalle guerre intestine questi » che a te con amore si rivolgono. » (2) Le quali parole , sembra a noi chiarissima cosa doversi riferire a' Saraceni ed alle interne sedizioni de' traditori, come bene aveva già avvertito il Gaetano (3).

VIII. Presa, distrutta, ed incendiata Siracusa, ugualmente che le altre città di Sicilia , coloro che sopravvissero alle calamità della guerra, ritiraronsi con le loro ricchezze in Taor-

(1) Petrus fidei petra te, Martyr Pancrati, solidum fundamentum, ac basim constituit Ecclesiæ, cum quo et tu Pater gregem tuum ab Agar filiis incolumem custodi.

(2) Qui tuam fideliter gloriam amplificant, et memoriam celebrant, ab incursione alienigenarum libera : qui ad te cum amore confugiunt, ab intestino bello custodi.

(3) De Ss. Sicul. Tom. I animad. in Encom. Gregor. Bizant. 13 N. 6.

mina come in sicurissimo asilo. In questa città ancora, come capo di tutta la provincia, risedeva il Pretore , ossia Prefetto , che a nome dell'Imperatore governava la Sicilia, ed ancor l'Arcivescovo, che suppliva le veci degli altri Vescovi o uccisi, o messi in fuga. Dal che avvenne, che crescendo immensamente la moltitudine del popolo e il concorso de' primarii cittadini, la città diventò più ricca, più popolata , più illustre , come eruditamente osservò Giambattista Caruso. (1)

IX. Gli abitanti nondimeno vivevano nelle delicatezze e ne' piaceri più che non conveniva a quello stato di lutto. Vedevano i campi dapertutto devastati, le case arse, le ricchezze rapite, le città date alle fiamme, gli amici ed i compagni parte uccisi parte ridotti in servitù, eppure non era vizio, non delitto che non dominasse impunemente fra loro. Ciò fu il motivo per cui S. Elia Ennese , venuto in quel tempo a venerare le reliquie di S. Pancrazio in Taormina, acceso di zelo divino rimproverò pubblicamente il popolo. predicendogli un grande esterminio, ove non si fosse allontanato come conveniva da' vizii, e non si riducesse seriamen-

---

(1) Residebat fere in ea Romano-Græcorum Prætor tamquam in eapite residuarum urbium, atque adeo Archiepiscopus, populusque frequens ac viri primarii Sicilienses Tauromenium incolebant.—*Bibliot. Histor. Sicil. Tom. I. pag. 93.*

te a più sani consigli. « Certamente, diceva,
» può avvenire, o fratelli, che per mezzo della
» penitenza delle pie orazioni evitiamo i mali
» che sovrastano; a ciò volgiamo tutti quanti
» siamo, e giovani e vecchi, ogni nostro stu-
» dio. Io veggo in questa città un grande cu-
» mulo di peccati, nè alcun genere di vizii e
» di scelleraggini che qui impunemente non
» domini; cose tutte le quali certamente abbi-
» sognano di molta correzione ed emenda. Che
» se voi trascurate e disprezzate le mie paro-
» le, io certo mi asterrò volentieri dall'annun-
» ziarvi i mali che vi sovrastano, ma voi però
» cogli occhi vostri sventuratamente li vedre-
» te. (1)

X. Era in quel tempo governata Taormina da
Costantino Patrizio, il quale affin di difendere
la città contro le forze de' Saraceni, costrusse
a capo di essa una fortezza, a cui oggi si dà
il nome di *Mola.* Così rilevasi da una lapide,
che sino a giorni nostri si conserva affissa alla
parete della Chiesa primaria, la quale in greco
ed in latino fu pubblicata dall'eruditissimo Antonio Muratori (2), e che noi abbiamo ripor-
tato nel primo volume del nostro Codice Diplomatico della Sicilia (3). La iscrizione tradotta

(1) In vit. S. Eliæ Ennens. apud Cajet. Tom. 2 Ss. Sicul.
pag. 73 col. 2.
(2) Thesaur. veter. inscript. tom. 4 col. 2013 N. 11.
(3) Dissert. 7. Cap. 13 pag. 473.

dal greco dice così : *Conditum est hoc Ca-*
strum sub Constantino Patrici. A questo Costantino sembra ancora appartenere quell'antico
suggello di piombo, ossia medaglia, che trovato
in Taormina, abbiamo in nostro potere, e che è
segnato di queste lettere—*Constantini Patri-*
ci Siciliae, e della quale abbiamo fatto menzione nel detto nostro Codice Diplomatico al
luogo citato. Posciachè adunque S. Elia aveva
ammonito il popolo, rivolgendosi al medesimo
Costantino diceva : « Perchè tu, o Prefetto, non
» allontani i popoli alla tua cura affidati dalle
» opere turpissime? Perchè non ti sforzi a tut-
» t'uomo che si astengano dal recare oltraggi,
» dagli adulterii, dalle uccisioni, da' postriboli?
» Chi apparecchiasi alla guerra, deve con più
» ragione serbare una singolare continenza : poi-
» chè qual cosa è più vile e più abbietta che
» il peccato? Qual cosa così forte e generosa
» come la temperanza? Sia di vostra vergogna,
» o Cristiani, la filosofia dei Gentili. Epaminon-
» da, quel celeberrimo condottiere, si astenne
» severamente dalla intemperanza, da ogni li-
» bidine, e da ogni allettamento di piacere. Così
» ancora Scipione, duce dei Romani, fu valoroso
» per quella medesima continenza per cui lo
» fu Epaminonda : e per tal ragione riportarono
» un'insigne vittoria quegli sopra gli Spartani,
» questi sopra i Cartaginesi, ed eressero am-
» bidue immortali trofei . Se dunque anche i

» Gentili, i quali erano travolti dalle malnate
» cupidigie, tanto apprezzavano la temperanza,
» quanto non dobbiamo apprezzarla noi che ci
» chiamiamo Cristiani, che siamo rischiarati dal
» lume del Vangelo, istruiti dalla dottrina de-
» gli Apostoli, ed informati dai precetti dei Santi
» Padri? con quanta accuratezza non dobbiamo
» detestare la iniquità e l'avarizia, quando mas-
» simamente tanto cumolo di mali c'incalza e
» ci sovrasta? tu però, o Prefetto, se allonta-
» nerai questi vizii dal popolo, sperimenterai
» propizio l'ottimo Iddio, e proverai quanta è
» la sua bontà e la sua misericordia per gli
» uomini. Io in quanto è da me, vi ho chiara-
» mente predetto tutto ciò che mi è stato di-
» vinamente rivelato; voi però se crederete alle
» mie parole, sappiate che siccome partecipi
» della penitenza coi Niniviti, lo sarete ancora
» della misericordia; se però disprezzate que-
» ste ammonizioni, legati e prigionieri sarete
» ridotti in durissima schiavitù. » (1)

XI. Gravissime erano in verità queste parole, ma lievissime in confronto alle scelleraggini ed alla perversità de' popoli. Laonde fi-
dati nella loro audacia e nella munizione dei
luoghi, stimavano impossibile, che la città, la
quale avea sin allora reso vani tutti gli sforzi
de' nemici, fosse ad un nuovo impeto espugna-

(1) In cit. vit. S. Eliæ Ennensis.

ta. Quindi pieni di superbia erano così ostinati ne' vizii, che per nulla piegandosi alle salutari ammonizioni, riputavano quali favole i vaticinii del servo di Dio. Dal che il Santo Padre commiserando la loro rovina e l'eccidio, andò all'abitazione d'un nobile cittadino per nome Crisione, che lo stimava come padre, e giacendo nel letto, così disse al suo ospite: « Vedi » tu, o Crisione, il letto in cui ora giaccio? in » questo medesimo letto dormirà Ibrahim, avi- » dissimo di umano sangue, e le pareti di que- » ste stanze vedranno molti fra i più distinti » personaggi di questa città tutti insieme a fil » di spada trucidati » (1). Però conoscendo che nulla giovavano le sue parole a correggere i depravati costumi, alzandosi di letto, uscì dalla casa, e giunto in centro alla città, alzò la veste sino alle ginocchia. Di questa operazione, nulla conoscendo il divino mistero, grandemente si maravigliò Daniele monaco, compagno dei suoi viaggi, e gli disse: Che vuol significare questa cosa, o padre? a cui il santo vecchio rispose: » Già veggo scorrere rivi di sangue, e questi » superbi e magnifici edifizii che tu vedi innal- » zati, saranno sin dalle fondamenta distrutti » dai Saraceni. »

XII. Nè soltanto colle parole, ma coi fatti ancora invitava il popolo alla penitenza, giac-

(1) Ibid. pag. 74.

chè imitando l'esempio di Geremia, girava la città cinto tutto quanto di cilizii e di catene di ferro : ma come vide che nè le preghiere nè le minacce giovavano, e che gli uomini nè pel timore della giustizia, nè per la speranza del perdono s'inducevano a migliorare la condotta: determinò partirsi di Taormina, e giusta il comandamento del Signore, scossa su di loro la polvere dei piedi, disse : « ecco io scuoto la » polvere della vostra città, però tenete ben a » mente ciò che vi ho detto. » (1)

XIII. Mentre queste cose avvenivano in Taormina, Abulabbas, capo della spedizione Saracenica, le di cui speranze stavano più nei tradimenti che negli assalti, come vide che i suoi artifizii ed i suoi inganni per invadere la città erano scoverti, e la città stessa, non meno per arte che per natura fortificata, non potevasi anche per lungo assedio costringere alla resa, non più sollecito di tal vittoria, si diede a scorrere a piè libero tutti gli altri luoghi dell'Isola che erano a lui soggetti. Nè contento della sola Sicilia, affin di conquistare il regno di Napoli, si recò in Reggio, dalla qual città, facilmente espugnata, portò seco una ingente preda con diciassettemila cristiani prigionieri. Mandò tal preda in Africa al padre suo Ibrahim, stimando che le sue gesta sarebbero dal padre approvate. Però

(1) In eadem vita loco jam cit.

Ibrahim, ricevuta tal nuova, con forti parole si lamentò del figlio, quasichè nulla avesse fatto allo ingrandimento della sua dominazione, non avendo ancora espugnato Taormina. Però diceva : *questi è un degenere, è un degenere :. ha pigliato l'indole della madre e non del padre, perciocchè se da me fosse nato, non avrebbe certamente la di lui spada risparmiato i Cristiani.* (1)

XIV. Mal soffrendo adunque il Re degli Africani Ibrahim la costanza dei Taorminesi, deliberò di portare egli stesso la guerra a Taormina : il perchè tornato il figlio suo in patria, gli affidò. il governo dell'Africa, ed egli con ingente moltitudine di uomini s'imbarcò alla volta di Sicilia. E per accendere maggiormente i suoi a compire virilmente quell'impresa, così diceva ad essi : *Affrettiamoci tutti, e con tutto l'impegno dell'anima sforziamoci a compire ciò che è grato al Dio Grande : e così avremo per nostra mercede il Paradiso di latte e di mele, di cui* (è questa una vanissima favola dell'empio Maometto) *scorrono quattro fiumi* (2). Fu Ibrahim figlio di Ammed

(1) Degener ille, degener : matrixat non patrizat. Si enim ex me natus fuisset, haud certe quidem ejus muero Christianis pepercisset.—Historia translat. S. Severini inferius excribenda.

(2) Omnes properemus, et quod Magno Deo gratum est, id toto mentis affectu, perficere conemur : quatenus Pa-

Ben-Al-Agleb, ossia Amet Benilaglebo, e fratello di Maometto della famiglia degli Aglabiti, che giusta la cronologia universale d'Ismaele Abulfeda regnava da circa cento anni in Africa. Questo Ibrahim adunque partitosi dall'Africa, s'avviò con quanta più prestezza potè alla volta della spiaggia occidentale di Sicilia, ed approdato a Palermo, ch'era la sede degli Emiri, ebbe a disdegno l'entrarvi, riputandola sua propria casa; ma con una grande moltitudine di Saraceni e di Siciliani accrescendo il suo esercito, s'incamminò per Taormina e la cinse per terra e per mare di fortissimo assedio.

XV. Aveva in quel punto Taormina una piccola guarnigione, e per nulla sufficiente ad una tal guerra; poichè l'esercito de'Greci era occupato a costruire due magnifici tempii, che Leone Imperatore amava d'innalzare in Costantinopoli (1). Laonde i cittadini, perduta ogni speranza d'aiuto, quantunque avvezzi soltanto a tollerare l'assedio, pure sebbene assai inferiori di numero, raccolto fra loro stessi un esercito, fortemente e costantemente combattendo, intrapresero la difesa della patria e della religione, esortandosi a vicenda a vincere o

radisum lactis et mellis, de quo quatuor flumina manant (hæc vanissima impii Mahometti fabula est) mercedis loco ingrediamur. — *In eadem historia.*

(1) Leo Gramm. Joann. Zonar. et Joann. Curopolata, infra citandi,

morire . Perlochè, giovani, vecchi, e fanciulli, senza distinzione di età, sesso, e condizione, temendo gli oltraggi e gli scherni, a cui fatti schiavi sarebbero andati incontro, tutti spontaneamente s' offerirono a combattere in questa sacra guerra sino alla morte. Tanto coraggio e tanta forza ispirò agli abitanti l'amor della patria ed il zelo della religione! dapoichè, sebbene fossero gravati di molti delitti, pure non si erano dipartiti dalla Fede Cristiana.

XVI. Ibrahim, vedendo che i cittadini così fortemente resistevano, ricorse subito ai tradimenti , e deliberò di togliere ai Taorminesi , cui non poteva superare in battaglia , con le frodi e gli artifizii. la palma del trionfo. Dopo di avere adunque indotto al tradimento i duci della flotta Eustachio Drungario Caramalo, e Michele Caratto, (1) promise ad alquanti Etiopi, feroci d'indole e truci di aspetto, di dare ad essi la città in preda, ed altri ingenti doni, se si accingessero all' audace impresa . E quella gente, assuefatta per altro alle rapine, allettata dalle ricchezze dei Taorminesi e dalle promesse del Re, con l'aiuto dei congiurati entrò improvvisamente in città, e con le spade sguainate e con grandi urli e schiamazzi assalse i cittadini. Frattanto il Re Ibrahim entrato con tutto l'esercito per una porta segreta che tuttora si

(1) Leo Gramm. in vita Leonis Sapientis pag. 481.

conosce, sita sotto la fortezza di Mola, e che
perciò venne appellata la porta dei Saraceni,
con tale improvvisa e crudele strage si scagliò contro i cittadini, che non la debolezza
del sesso o dell'età, non la veneranda canizie,
ma nè ancora la gran copia di sangue che a
guisa di fiume scorreva per le vie, piegava a
commiserazione quell' anima feroce. I soldati
fatti padroni della bellissima e ricchissima città,
divisero fra loro le dovizie e i beni dei cittadini, secondo che a ciascuno la sorte ne offeriva; adeguarono al suolo i magnifici edifizii
pubblici e privati, sacri e profani, che s'in-
nalzavano superbissimi per ampiezza, struttura,
ed ornati; ed affinchè nè anche le vestigia ri-
manessero dell'antica magnificenza, tutto ciò
che era superstite diedero alle fiamme.

XVII. Ma che più? lo stesso Ibrahim, che
d'altronde per testimonianza d'Abulfeda, (1)
era d'indole pio e compassionevole, dimentico
della naturale mansuetudine, si mostrò fiero.
crudele, sanguinario contro i Taorminesi. Imperocchè non ancor satollo del sangue, di cui
da molto tempo era stato sitibondo, mandò con
nuove promesse i soldati pel fondo delle valli,
pe' sotterranei, e per le spelonche, affinchè con-
ducessero legati alla sua presenza i cristiani,
che fuggiti dalla città si erano appiattati ne' vi-

(1) Chronol. Univers. ad annum Ægyræ 281.

rini nascondigli. I militi a ciò destinati, a guisa di cacciatori andavano avidamente ricercando i profughi; e trovato S. Procopio Vescovo della città con alquanti chierici e cristiani, lo condussero frettolosamente ad Ibrahim onde ricevere il premio. Il re avutolo presente così gli parlò : Perché tu sei vecchio e prudente, o Vescovo, ti esorto dolcemente ad ubbidire ai miei avvertimenti, e provvedere così alla salvezza tua e di questi tuoi compagni : che se nò, mi sperimenterai tantosto quale mi hanno sperimentato i tuoi concittadini. Se tu, abbraccerai la mia legge, e rinnegherai la cristiana religione, avrai il secondo posto dopo me, e sarai a me più caro di tutti gli Agareni. A tal proposta sorridendo il Prelato nulla rispose. Allora acceso d'ira il Re disse : E tu ridi mentre sei ancor prigioniero? e non sai tu in presenza di chi ti ritrovi? Al che il fortissimo campione di Cristo con serena fronte rispose : Io rido certamente poichè veggo che tu sei ispirato dal demonio, il quale ti mette in bocca queste parole. Furibondo più che mai a tali detti il crudele tiranno rivolto ai suoi sgherri disse : su via, squarciategli il petto, estraetene il cuore, affinchè possiam vedere e comprendere quali siano gli arcani della sua mente. Ma Dio, che è mirabile ne' suoi Santi, diede tanta fortezza a S. Procopio, che mentre gli sgherri eseguivano i comandi, egli rimproverava il Re, ed esortava paternamente i suoi commilitoni, che stavano lì presenti, a soffrire costantemente il martirio. Onde il tiranno, gonfio d'ira e stridendo co' denti, offriva barbaramente a lui il cuore strappato, perchè lo mangiasse. E nella stessa crudeltà fatto più crudele, comandò che fosse decapitato insieme co' suoi compagni il Santo Vescovo già moribondo, e che i loro cadaveri fossero consumati tra le fiamme, dicendo : Così sarà consumato chiunque oserà resistere alla mia volontà. Quanto sinora abbiam detto di S. Procopio nell'eccidio della città, lo abbiamo trascritto da Giovanni Diacono della Chiesa Napolitana nella storia della traslazione di S. Severino, che da un Codice manoscritto in pergamena del Monastero Napolitano de' SS. Severino e socii dell'Ordine di S. Benedetto, fu data alla luce da Ottavio Gaetano (1), da Giovan Battista Caruso (2), e da Ludovico Antonio Muratori (3); e che da un altro codice di Antonio Beatillo, un poco diversa nell'assieme delle parole, fu pubblicata dal Bollando (4).

XVIII. Mentre Ibrahim incrudeliva contro i Cristiani di Taormina, S. Elia Ennese, di cui sopra abbiamo parlato, dimorava nell'Isola E-

---

(1) De SS. Sicul. tom. 2 in vita S. Niconis Ep. et Mart. fol. 60.
(2) Bibliot. Hist. Sicil. tom. 1 f. 39.
(3) Bibliot. Script. Rer. Italic. Tom. 1 p. 1.
(4) Acta SS. Januar. tom. 1 in Append. f. 1098.

licusa non molto distante dai confini dell'Epiro. Colà fuggitivo approdò quel Crisione a cui il Santo Vecchio, stando in Taormina, avea vaticinato che in quel medesimo letto ov' egli giaceva, avrebbe dormito Ibrahim. Il quale come vide lo stesso S. Elia (1) disse : Abbiam patito noi miseri ciò che tu, padre ed ottimo Profeta, molto tempo innanzi predicesti, e che noi sordi ai tuoi consigli ed alle salutari ammonizioni non credemmo. Ma ora non ti dispiaccia di manifestare se non altro a me, che ti stimo e venero come padre, che cosa avverrà di noi in appresso. A cui il servo di Dio rispose : Io ti predico che tu fra non molti giorni morirai.

XIX. Frattanto Eustachio Drungario Caramalo e Michele Caratto, capi delle soldatesche Romano-Greche, i quali avevano consegnato a tradimento la città di Taormina ai Saraceni, vennero in Costantinopoli, e convinti della commessa fellonia, furono condannati alla pena capitale; sebbene poi per le preghiere di S. Nicolò Mistico Patriarca Costantinopolitano l'Imperatore risparmiò ad essi la morte, sostituendovi una pena più lieve. Così attesta Leone Grammatico nella storia dell' istesso Imperatore Leone detto il sapiente, soggiungendo, che dopo

_____

(1) Act. S. Eliæ Ennens. apud Cajet. tom. 2 SS. Sicul. f. 77.

confiscati i loro beni, e puniti con le battiture, furono rinchiusi in un Monastero. (1)

XX. Per l'allegata autorità di Leone Grammatico è chiaro che sotto l'impero di Leone VI
soprannominato il Filosofo, ossia Sapiente, fu
presa Taormina da' Saraceni. Ciò attestano parimenti Costantino Porfirogeneta figlio e successore del medesimo Imperatore (2), Giovanni
Curopolata (3), Giorgio Cedreno (4), Giovanni
Zonara (5), l'anonimo continuatore di Teofane (6); e per tacere di altre testimonianze, ciò
espressamente asserisce Giovanni Diacono della
Chiesa Napolitana, da noi in questo capo più
volte citato; il quale cominciando il racconto
di questo eccidio, dice: *L'anno dell'imperio
di Leone e di Alessandro XXIV, i Saraceni
che erano in Palermo etc.*

XXI. Ma poichè in doppio modo i cronologi
enumerano gli anni di questi Imperatori, uno
cioè dall'anno di Cristo 870, quando Basilio
Macedone associò all'Impero i medesimi suoi
figli Leone ed Alessandro; e l'altro dall'anno
886, quando Leone e il di lui fratello Alessandro, morto già il padre Basilio, cominciarono

(1) In vita Leonis Sapientis pag. 481.
(2) De Themat. Imperii lit. 2 in Themat. Sicil.
(3) In vita ejusdem Leonis Sapientis.
(4) In vita ejusdem Imperatoris.
(5) Annal. lib. 3 in Leone Sapiente.
. (6) In vita Leonis Sapientis.

a regnare soli, da ciò avviene, che coloro i quali seguono il primo modo di computare riportano l'eccidio di Taormina all'anno 893, e quelli che sieguono il secondo, all'anno 909, o 910. Il primo computo sembra a noi meno probabile del secondo, imperocchè meno di esso si concilia con la morte di Ibrahim Re de' Saraceni, con la traslazione delle reliquie di S. Severino, e col consolato di Gregorio Napolitano; le quali cose narra l'istesso Giovanni essere avvenute nel tempo medesimo in cui avveniva la caduta di Taormina.

XXII. Ed in prima, che Ibrahim sia sopravvissuto all'anno 893, e morto dopo l'anno 900 l'attestano Lupo Protospata (1), il Codice Italico manoscritto dello illustre Duca di Anglia (2), ed Ismaele Abulfeda, Principe di Hama nella Siria (3); sebbene questi seguendo il modo di computare de' Greci, che prevengono di sei o sette anni i Latini, confondano al solito la cronologia volgare, e ripongano perciò la morte d'Ibrahim, come osserva il Caracciolo (4), non all'anno 910, qual dovrebbe essere, ma a poco innanzi.

XXIII. Così ancora niuno negherà che la Traslazione di S. Severino sia avvenuta nel-

(1) In suo Chron. ad ann. 901.
(2) Apud Summontium lib. 1 Hist. Neap.
(3) Ad annum Ægyræ 291.
(4) In IV Chronol. Neapol.

l'anno di Cristo 910; perocchè sebbene il corpo di questo Santo sia stato traslatato non una ma per ben tre volte, pure la traslazione di cui parla Giovanni Diacono non è la prima, nè la seconda ma l'ultima, la quale accadde nel predetto anno 910. Così spiegano la testimonianza di questo scrittore gli eruditissimi Giovanni Bollando (1), e Giovanni Mabillon (2).

XXIV. A questi argomenti ben concorda, come sopra abbiam detto, l'epoca di Gregorio Console Napolitano, che giusta la testimonianza di Leone Ostiense (3), fiorì l'anno di Cristo 910 e susseguenti. Da tutto ciò si raccoglie, che Giovanni Diacono, riportando l'eccidio di Taormina all'anno XXIV di Leone e d'Alessandro, non enumera questi anni dalla loro coronazione, ma dalla morte del loro padre Basilio; e che perciò la caduta di Taormina deve riporsi circa l'anno 910. Ciò ancora sembra confermarsi dall'Anonimo Arabo, scrittore della Cronologia delle cose Arabo-Sicule (4), il quale ad una data non lontana dal 910 assegna la caduta della nostra città, accennando ancora il mese ed il giorno in cui avvenne. Ecco le sue parole: *L'anno 908, del mondo 6416, venne l'Emiro, ossia Gran Condottiero, dall'Africa, nel*

(1) Act. SS. Januar. die 8 et in append. ad dictum diem.
(2) Annal. Benedict. T. 3 pag. 331.
(3) Chron. Casin. ad ann. Christi 910.
(4) Ad ann. Orbis Conditi 6416.

mese di Maggio , e raccolse un esercito di Siciliani ed Africani e prese Tabermin il giorno primo del mese di Agosto che fu di Domenica, o piuttosto di Lunedì, chè tale fu il primo giorno di Agosto dell'anno 908. Siam debitori di questa cronaca all'esimio cultore della veneranda antichità Giovan Battista Caruso, il quale la pubblicò in Arabico ed in Latino da un antico Codice di Cambridge (1); e quindi così per questo, come per gli altri monumenti di sacra erudizione, non è affatto a dubitare, che la spiegazione di Giovanni Diacono sopra esposta sia la più cordata e la più vera. (2)

XXV. Se dunque Taormina non fu sottoposta al giogo de' Saraceni prima dell'anno 910 in circa, ne siegue che per ben 90 anni dopo la venuta di que' barbari in Sicilia, questa città fortemente e costantemente resistette alla loro tirannide : circa ad anni 60 di unita alla città di Siracusa, e per altri 30 unica e sola. E questo memorando eccidio di Taormina, fu la sventurata cagione per cui Ibrahim, che prima disdegnava d'essere chiamato Re di Sicilia, potè gloriarsi d'essere divenuto e nominarsi vero padrone dell'Isola. Fu per esso estinta la dominazione de' Greci in Sicilia, e si rassodò quella

(1) Bibliot. Histor. Sicil. Tom. 1.
(2) Saracenicarum rerum Epitome.

de' Saraceni; per esso la verità della Cristiana
Religione, prevalendo gli errori della nazione
dominante, si vide indebolita ; si videro cacciati i Vescovi dalle loro Sedi , le Chiese di
Dio profanate, il popolo cristiano ridotto in servitù, recata una grave ferita agl' interessi religiosi, e quello splendido lume della Taorminese magnificenza oscurato.

CAPO XXI.

Della seconda espugnazione di Taormina fatta da' Saraceni, e di Leone Vescovo della medesima città.

I. Distrutta ed incendiata insieme con le vi-
cine borgate la città di Taormina, i Saraceni
valicato lo stretto si portarono in Reggio, e di
là in Cosenza, infuriando sempre non solo contro i Cristiani, ma ancora contro lo stesso Cristo. I Taorminesi che per mezzo della fuga.
nascondendosi in monti scoscesi ed inaccessi-
bili, o in remote e recondite spelonche, aveano
scampato la crudeltà del tiranno ed il furore
della guerra, non appena seppero che la città
era presidiata da poche soldatesche, raccoltisi
tutti quanti insieme , e ripresa secondo l'op-

portunità forza e coraggio, tornarono sollecitamente in essa, e quasi senza resistenza vinsero
i soldati che vi stavano a guardia : restaurarono
in parte la città distrutta da' barbari : la forti-
ficarono e l' apparecchiarono contro i pericoli
di nuovi assalti, promettendo obbedienza allo
antico signore di Sicilia, l' Imperatore Romano-
Greco. Anzi ardendo sempre più di odio grandissimo contro gli stessi Saraceni, affin di vendicare le antiche ingiurie, si esposero a nuova
guerra; e nulla temendo di avverso o di più
grave pericolo, si diedero a perseguitare con
tutte le forze che potevano i nemici confinanti.

II. Era in quel tempo Imperatore d'Oriente
Costantino Porfirogeneta, figlio di Leone il Sapiente, ma per la tenera età governato da' tu-
tori. I quali a cagione d' essersi rinnovata dai
Saraceni la guerra contro i Bulgari, non potendo contemporaneamente far fronte a' Saraceni d' Oriente ed a quelli d' Occidente, stabilirono di trattare la pace co' Saraceni di Sicilia, affidandone l'incarico ad uno de' Ministri
dell'Impero, che fu Eustachio Prefetto di Calabria. E questi l'anno del mondo 6427 e di
Cristo 919, promettendo a nome dell'Imperatore a' Saraceni l'annuo tributo di ventidue mila
once d'oro (1), conchiuse l'alleanza fra l'Emiro
de' Saraceni di nome Selim e l'Imperatore Co-

_____

(1) In Imperat. Nicephoro Phoca.

stantino, col patto che nè i Saraceni contro i Taorminesi, nè questi contro quelli portassero le armi. Di questo trattato di pace parlano Giorgio Cedreno, e Giovanni Curopolata nella vita di Niceforo Foca Imperatore.

II. Dopo qualche tempo fecero i Calabresi una pace somigliantissima a questa, dandosi per l'uno e per l'altro popolo degli oštaggi, cioè Leone Vescovo di Sicilia pe' Taorminesi, e il Prefetto di Calabria pe'popoli alla sua cura affidati; siccome attesta l'Anonimo Arabo nella cronaca Saraceno-Sicola, giusta il Codice manoscritto di Cambridge pubblicato dall'eruditissimo Giovan Battista Caruso (1); alla diligenza del quale siamo debitori che la Storia de' Saraceni, d'altronde oscurissima, si rendesse chiara e manifesta. In questa Cronaca all'anno di Cristo 919 si legge così: *Verso la fine di quest'anno fu fatta tregua fra Selimo Emiro di Sicilia ed il popolo di Tabermin con le altre castella*. E poco dopo: *Il medesimo venne al luogo detto Urah e lo prese, e stabilì la tregua co' Calabresi ricevendo da loro degli ostaggi cioè Leone Vescovo di Sicilia ed il Prefetto di Calabria*. Che per la voce *Tabermin* si debba intendere Taormina, ce lo addimostra il citato Caruso nelle note alla detta

(1) Bibliot. Histor. Sicil. tom. I.

cronaca, interpretando giusta il più vero senso il dialetto Arabo-Sicolo di quel tempo.

IV. Al predetto Leone sembra che appartenga la medaglia, ossia suggello di piombo, che fu trovato in Taormina, ed è posseduto dall'illustre Giovan Battista Camiola, e che fu dato in luce in Roma nel 1740 da Francesco Fecoroni nella sua opera sulle medaglie antiche di piombo (1). In un lato di questa medaglia vi ha la Croce con questa iscrizione in greco: *Gesù aiuta il servo tuo;* e dall'altro le parole: *Leonzio Vescovo di Taur . . . ni.* (sic) Questo Leone, o Leonzio, fu successore di S. Procopio, di cui sopra abbiamo descritto il martirio; fu dapprima ordinato Vescovo titolare soltanto, ma cacciati poscia i Saraceni, venne in Taormina, ed amò tanto il suo popolo, che per conchiudersi la pace fra esso e i Saraceni, si contentò di darsi in ostaggio a' nemici.

V. Conchiuso il trattato di pace fra i Taorminesi e i Saraceni, vennero in Sicilia i Prefetti che facevano le veci dell'Imperatore, e tennero per loro residenza Taormina quale capo della Provincia, siccome i Saraceni la tenevano in Palermo. Fra questi Prefetti uno, per nome Rendash, fu ucciso il giorno 10 di Maggio dell'anno 934, come attesta il sopracitato Anonimo Arabo (2); e forse per la stessa ragione,

(1) Tab. 20 N. 7.
(2) Ad annum Christi 934.

per cui nell'istesso tempo fu ucciso da' suoi Giovanni Muzalone Prefetto di Calabria, cioè per la crudeltà ed avarizia con cui amministrava la Provincia; siccome attestano i gravissimi scrittori Giorgio Cedreno, e Giovanni Curopolata (1).

VI. Passati quarantadue anni dalla pace predetta, cioè l'anno di Cristo 961, sia che il prescritto dal trattato, o il tempo della tregua fosse finito, sia che rompessero la stabilita alleanza, i Saraceni sotto la scorta del Sultano mossero guerra per terra e per mare contro Taormina, come attesta il sopracitato Anonimo Arabo, narrando la storia de' Saraceni del predetto anno (2). Ma siccome per la forte resistenza che opposero i Taorminesi a nulla approdò quel movimento d'armi, l'anno seguente, cioè nel 962 l'istesso Emiro de' Saraceni, per nome Achmed, raccolto un più poderoso esercito fra i Saraceni e i Siciliani a sè soggetti, strinse nel mese di Maggio di più forte assedio la medesima città; come siegue lo stesso Anonimo scrittore, narrando la storia dell'anno 962 (3). Ed egli stesso ci fa sapere, che i Taorminesi conservarono tale e tanta costanza nel difendere la patria, che il medesimo Achmed, conoscendo di non potere nè allora nè in appresso espugnare la città, domandò nuovi a-

(1) In Imperatore Nicephoro Phoca.
(2) Ann. Christ. 961.
(3) Ann. Christ. 962.

iuti dall' Africa, e di là gli venne un rinforzo sotto la scorta del di lui zio Alcaid-Ben-Ammer, il quale il giorno 1 di Agosto del medesimo anno venne a raggiungere il nipote in Taormina.

VII. I Taorminesi, per nulla atterriti dall'arrivo delle nuove truppe, virilmente resistettero a' Saraceni, finchè dopo altri cinque mesi di durissimo assedio, dovettero cedere alla forza prevalente, sicchè, come narra il medesimo scrittore Anonimo, nel mese di Dicembre, giorno di giovedì, fu presa Taormina (1). Presa la città, mille settecento cinquanta Taorminesi furono mandati in segno di trionfo dall'Emiro quali schiavi al Re Africano Almuezzo, come dagli annali di Al-Kadì-Sciohabadin raccoglie il sullodato Giovan Battista Caruso (2).

VIII. Nè ad alcuno faccia maraviglia, che il Caruso riporti questa seconda caduta di Taormina all'anno 962, mentre l'Anonimo Arabo la riferisce all'anno 963; dappoichè il Caruso siegue la enumerazione comune cominciando l'anno dal mese di Gennaro, e l'Anonimo Arabo, giusta il costume de' Siciliani di quel tempo, esordisce l'anno con l'Indizione dal mese di Settembre. Così chiaramente rilevasi dalle di lui parole medesime; giacchè narrando i fatti del

---

(1) Ann. Christ. 963.
(2) Sarac. Ber. Epitom. pag. 102.

962 dice : *Sul finire dell'anno il I giorno di Agosto venne il condottiere Ben-Ammer etc.;* la qual cosa vien anche confermata da Cerameo Arcivescovo di Taormina, che fiorì circa quel tempo, in una Omelia che ha per titolo : *Sulla Indizione ovvero principio dell'anno.*

CAPO XXII.

—

Della terza espugnazione di Taormina fatta da' Saraceni.

I. Niceforo Foca, uomo celebratissimo per la scienza militare, ma d'indole sordida ed avara, avvenuta la morte del giovane Imperatore Romano, prima dall'esercito d'Oriente in Cappadocia, e poi dal Senato, dal popolo, e dal Patriarca in Costantinopoli, fu salutato Imperatore. Dopo le vittorie contro i Saraceni in Oriente, affin di rialzare alla primitiva maestà l'Impero Romano-Greco, deliberò di portar la guerra a' Saraceni di Sicilia, che atrocemente incrudelivano contro i Cristiani; e quindi apparecchiata una grande flotta, nel terzo anno dopo la sua coronazione, cioè l'anno di Cristo 965, la mandò in Sicilia. I Romano-Greci approdati nell'isola, ebbero in principio così favorevole la fortuna, che non fu ad essi dif-. ficile il prendere al primo assalto Taormina e tre altre città: Siracusa, Imera, e Leonzio; come riferiscono i gravissimi Scrittori Antonio Paggi (1) e Giovan Battista Caruso (2).

II. L'Emiro de' Saraceni, che era preposto al governo di Sicilia, die' tosto notizia al Califfo Muezz, che in quel tempo imperava nell'Africa, dell'arrivo e de' progressi de' Greci nell'isola; ed avvertendolo della insufficienza·delle sue forze a resistere, il richiedeva d'aiuto. E Muezz, apprestato un esercito, quanto credeva sufficiente a reprimere la potenza de' Greci, lo spedì in Sicilia sotto il comando di Al-Hasan, padre del predetto Emiro. I Saraceni dell'Isola ripigliato vigore per questi nuovi rinforzi, riattaccarono più furiosamente la guerra contro i Greci. Era comandante delle truppe greche il Patrizio Emmanuele, o come altri lo chiamano Mannello o Manuele, a cui perchè giovane ed ignaro dell'arte militare, avea l'Imperatore dato per consultori de' veterani guerrieri. Ma costui tanto pieno di giovanile arroganza, per quanto era inetto al maneggio della guerra, disprezzò i loro savii consigli; il che fu motivo che assai più infelicemente proseguisse le sue intraprese, che prosperamente non le avesse inco-

(1) Critic. Baron. ad ann. Christ. 965 Sect. 10 N. 17.
(2) Saracen. rer. Epitom. pag. 103.

minciate. Fu da' Saraceni chiuso fra luoghi a-
spri ed angusti, sbaragliato e messo in fuga
con tutto l'esercito; come narrano la Cronaca
di Alcad-Sciohabadin (1), Giorgio Cedreno (2),
Giovanni Curopolata (3), e Giovanni Zonara (4).

III. Avendo i Barbari con tale e tanta feli-
cità terminata una siffatta guerra, si diressero
con tutto l'esercito ad espugnare Taormina. I
cittadini, vedendosi per questo nuovo ed ino-
pinato eccidio de' Greci destituiti interamente
d'ogni esterno aiuto, ed assai inferiori di forze, messi al pericolo di perdere la religione e
la patria, tutti senza eccezione di condizione
e d'età, con coraggio, con fortezza, con per-
severanza ardentissimamente si difesero, onde
per lungo tempo e con molta strage si combattè dall'una e dall'altra parte; finchè i Taorminesi assai inferiori di numero e di forze, dopo
un durissimo assedio di cinque anni, dovettero
l'anno di Cristo 969 cedere finalmente a' Saraceni. I quali impadronitisi della città sfoga-
rono a loro agio contr'essa il loro furore; senza
distinzione alcuna passarono a fil di spada i cittadini che con tanto ardore avevano resistito,
distrussero e diedero alle fiamme gli edifizii
che erano rimasti in piedi ne' precedenti ec-

(1) Apud Carus. Biblioth. hist. Sicil. tom. 1.
(2) In Nicephoro Phoca Imperatore.
(3) In eodem Nicephoro Phoca Imperatore.
(4) In eodem Nicephoro Phoca Imperatore.

cidli , o che di nuovo erano stati edificati, o restaurati. Così sull'autorità di scrittori gravi e contemporanei narrano il Paggi (1), e Giovan Battista Caruso (2).

IV. Dopochè riportarono i Saraceni questa terza vittoria sulla città di Taormina, e soggettarono al giogo della loro tirannide tutti i Siciliani, non fecero nella Sicilia e per cagion della Sicilia più altra guerra , se non quella brevissima eccitata dal movimento di Maniace, e la quale finì più presto che non era incominciata. Perlochè trovatisi in una profondissima pace, stabilirono cinque Principi, i quali attendessero al governo di tutta la provincia: de' quali uno risedeva a Palermo, un secondo a Messina, un terzo a Taormina, un quarto in Siracusa, e il quinto finalmente in Trapani; siccome a nostra memoria tramandò l'anonimo autore della Storia della liberazione di Messina che dopo il Baluzio (3), pubblicò il Muratori (4).

(1) Tandem pax Domesticum inter et Musulmanos, anno Ægiræ CCCLVI Christi scilicet CMLXVII composita, et duobus consequentibus annis Tauromenium et Rametha urbes a Musulmanis Christianis ereptæ Muezza Caliphæ jussu eversæ ac incensæ. — *In Chril. Baron. ad ann. Chr. 965 N. 19. Sect. 10.*

(2) In manus deinde Saracenorum deciderat Rametta urbs ea tempestate munitissima, quæ Caliphæ Almuezzi jussu ab Amira Acmed Abulassano Alassani secundi successore funditus cum Tauromenio eversa est.—*Saracen. rer. Epitom. pag. 104.*

(3) Tom. 6 Miscell. pag. 174.
(4) Sicilia sub dominio quinque Maurorum, quorum u-

V. Trovasi qùindi in gravissimo errore chi crede che avessero i Saraceni, dopo presa Taormina, lasciata la città deserta; mentre è certo che prescelsero questa città, benchè saccheggiata, distrutta, ed incendiata, non solo a loro abitazione col restaurare gli antichi edifizii, o col costruirne sollecitamente de' nuovi, ma a sede ancora di un Governatore. Ciò senza bisogno di altre testimonianze confermano gli avanzi di antichi monumenti del tempo de' Saraceni. Del qual genere sono , se crediamo a Francesco Scorso (1), que' numerosi sepolcri di architettura non nostra ma araba, che a guisa di spelonche parte sono scavati nella pietra, e parte sopra edificati, come è da vedere nella posizione attuale fuori della città alla parte orientale, e vicino alla Chiesa de' Santi Apostoli Pietro e Paolo.

nus Raxdis nominabatur, qui Messanæ residebat, et Tauromenium usque ad Tindaridum suum possidebat imperium. Ab Tauromenio Syracusas usque alius regebat, et alius a Syracusis usque Drepanum , a Drepano vero ad Panhormum alius et a Panhormo ad Pactas alius.—*Rer. Italic. Script. Tom. 6 pag. 614.*

(1) Notit. in Homil. 9 Theoph. Ceram. N. 5 pag. 473.

CAPO XXIII.

—

Dello Stato della Chiesa di Taormina sotto la dominazione Saracenica.

I. Posciachè la Sicilia fu occupata da' Saraceni, non cessò in essa il culto della Religione Cristiana, che anzi que' fedeli che eran rimasti superstiti alle persecuzioni dei Barbari, anche sotto il giogo della loro tirannide, pubblicamente, o al certo privatamente, secondo che la sventura de' tempi comportava, esercitavano gli uffici della cristiana religione. Ciò chiaramente dimostrano i non pochi argomenti, che desunti dalla storia di quei tempi abbiam raccolto nella nostra qualsiasi dissertazione *sullo stato della Chiesa di Sicilia sotto la tirannia de' Saraceni*, e che è la IX fra le pubblicate nel primo volume del Codice Diplomatico della Sicilia. A' quali argomenti, non crediamo nojoso, nè certamente inutile, l'aggiungere qui altre ragioni che riguardano particolarmente la Storia di Taormina.

II. E primo argomento ne è senza dubbio la Chiesa di S. Pancrazio fra le sciagure di quegl' infelicissimi tempi sin' oggi diligentemente conservata; la quale essendo costruita di pietre quadrate a forma di Croce, senza alcun vestigio di calce maestrevolmente commesse, ed avendo un solo altare che è il massimo, e la porta che guarda la parte occidentale, giusta la antica architettura ed usanza, mostra nella sua forma di essere un antichissimo tempio, e lavoro de' Greci. E se per la grandissima sì, ma imprudente pietà de' nostri maggiori, la forma della Chiesa è mutata, non è però tale la mutazione che non possa anche oggi facilmente comprendersi qual ne sia stata l'antica struttura. E pare che questa sia quella medesima Chiesa, nella quale circa il IX secolo si conservava con debito onore il corpo del medesimo S. Pancrazio, e nella quale in occasione della festa di esso Santo recitò l'Omelia (1) quel Gregorio Cerameo nostro Arcivescovo, del quale abbiamo più sopra ragionato.

III. Di questo genere si è la Chiesa di S. Lorenzo, di cui parla Gregorio Bizantino, scrittore di quel tempo, nella Orazione panegirica di S. Pancrazio detta in Taormina e da noi più volte citata; la qual chiesa, come insigne vestigio della remota antichità veneriamo oggi giorno (2) a destra della Chiesa di S. Maria di Gesù dell'Ordine de' Minori Osservanti di S. Francesco.

(1) Homil. 57 inter editas sub nom. Theoph. Ceram.
(2) Octavius Cajet. de Ss. Sicul. animad. ad vitam S. Pancratii N. 13.

IV. Così è ancora la Chiesa di S. Pantaleone
nel porto *Quisoy* ossia *nel Chersoneso*, a due
miglia da Taormina, ed a cui si dà oggi il nome
di *Schisò*. Nella qual Chiesa mentre celebravasi la festa dell'istesso gran Martire S. Pantaleone, con fiera e grandissimo concorso di
popolo, recitò un' elegantissima Omelia il medesimo Gregorio Cerameo (1), in cui sgridò il
popolo, perchè sul primo far del *giorno* s'in-
tratteneva più volentieri nella piazza del mer-
cato, invece di radunarsi in Chiesa. E questo
tempio, dopo cacciati i Saraceni, l'anno del
mondo 6613, di Cristo però giusta l'enumerazione Greco-Sicula 1105, fu unito dalla re-
ligiosissima Adelasia, moglie del Conte Ruggiero, al real Monastero di S. Maria di *Galata*
ossia *del Latte* dell'ordine di S. Basilio (2).

V. Di questo genere sembra che sia la Chiesa
di S. Teodoro *de Ambre*, che con l'amplis-
simo suo territorio fu congiunta da Ruggiero
l'anno 1117 al real Monastero de' Ss. Pietro e
Paolo, detto *de Agrilla* oggi *del Campo;* come
rilevasi da un antico documento pubblicato dal

(1) Homil. 58 inter editas nom. Theoph. Ceram.
(2) Adhuc volumus omnem potestatem monachis piscari
libere in Tauromenii marina, seu ubicumque voluerint.
Item damus S. Pantaleonem qui est in portu Quisoy, ut
habeant ibi habitationem Monachorum cum barca, qua
piscari debeant.—*Pirri notit. Monast. S. Mariae de Gala*
f. 118.

Pirri (1), nel quale sono descritti i confini della medesima Chiesa e delle annesse possessioni.

VI. Un quarto argomento ci è dato dalla Chiesa di S. Giovanni Battista detta di *Fiume Freddo*, la quale è certo assolutamente di essere esistita così prima che dopo la caduta di Taormina sotto i Saraceni. Questa Chiesa come già eretta da tempo antico, fu trovata superstite dopo la cacciata de' Saraceni da Roberto Vescovo di Messina, e da lui fu concessa con tutti i suoi dritti al Monastero di S. Agata di Catania, come rilevasi da un documento del 3 luglio dell'anno 1106 (2).

VII. Un quinto argomento a confermare la medesima verità ci vien dato da quella veneranda Immagine della Beata Vergine Assunta in Cielo, a cui, come osservò ocularmente sin dalla metà del passato secolo Francesco Scorso (3), quale a nobile avanzo degli antichi tempi, prestavano gli abitanti somma venerazione. Imperocchè, se la Chiesa dedicata alla medesima Vergine Assunta in Cielo, nella quale come madre chiesa soleva l'Arcivescovo recitare le Omelie ed i Sermoni, fu da' Saraceni distrutta,

---

(1) Notit. Monast. Ss. Petri et Pauli de Agro.
(2) Ecclesiam S. Joannis *de flumine frigido* dedi cum omni sua possessione, quæ Ecclesia, in territorio Tauromenitanæ civitatis sita est.—*Apud Gross. Catan. Sacr.* § *XX pag. 61.*
(3) Notit. ad Homil. 40. Theoph. Ceram. N. 1.

non cadde sotto la medesima sventura la Immagine di Maria che in essa veneravasi ; ma sfuggita alle ingiurie degl'infedeli persecutori, fu per molti secoli conservata con somma religione : il che non avrebbe potuto certamente avvenire, se in quel tempo si fosse interamente abbattuta la cristiana fede , e non ci fossero stati degli uomini devoti ed amatori delle cose di Chiesa.

VIII. Il sesto argomento in fine, e tale che null'altro lascia a desiderare di più solido e chiaro, ci viene dalla diligentissima conservazione del tempio e della Imagine di Maria non fatta a mano d'uomo, che fino a nostri giorni con somma devozione e gran concorso di popolo si venerano sotto il titolo di *S. Maria de' Greci*. Di questa Immagine ci dà chiara ed illustre testimonianza il nostro sapientissimo ed eloquentissimo Cerameo, sia Gregorio si , Teofane, nell'esordio dell'Omelia sul *Le isperito che interrogò il Signore, e di colui che cadde in mano de' ladri;* la quale è l'undecima fra quelle che sotto il nome di Teofane pubblicò Francesco Scorso. In esso esordio così dice : » Ma poichè lo spirito Santo e la nostra Signora » madre di Dio ci ricondusse nuovamente in » un sol luogo, e volle che di nuovo venerassimo » la sua immagine non fatta a mano d'uomo » etc. (1). » E sul principio dell'Omelia *sulla*

(1) Sed quoniam nos Spiritus Sanctus et Domina no-

Trasfigurazione di Nostro Signore Gesù Cri-
sto, che è tra le pubblicate la 59ª, ragionando
della medesima immagine e del tempio così
dice : « Nel vedere il mio popolo, gregge a Dio
» diletto, concorrere con tanta divozione a que-
» sto sacro tempio, in cui è collocata la Im-
» magine non manufatta della nostra purissima
» Signora, grandemente mi rallegro, sento es-
» sere fuor di me dalla gioia, e sono spinto
» a tenervi ragionamento » (2).

IX. Abbiamo altri testimoni , sebbene non
della stessa antichità e merito, pure non man-
canti di gravità, che dicono le stesse cose, e
forse con maggior fervore, della Immagine e del
tempio medesimi. Così sono Giacomo Gretsero (3), Rocco Pirri (4), ed Ottavio Gaetano (5),
il quale dice : « È certo avere i Taorminesi in
» questo antichissimo tempio venerato una di
» quelle Immagini, che anticamente i Greci ap-
» pellarono non manufatte, perchè non dipinte
» da umano pennello , ma o per mano degli

stra Dei parens, rursus in unum adduxit locum, et voluit
ut iterum imaginem suam non manufactam veneraremur.
(2) Videns enim populum meum, gregem Deo dilectum,
ad sacram hanc aedem tanta cum religione concurrentem,
in qua Dominae nostrae omni ex parte purissimae Imago
non manufacta collocata est, magnopere laetor, et prae gau-
dio gestire videor, et ad habendum sermonem impellor.
(3) In opusc. de Imag. non manufact.
(4) Notit. Eccl. Taurom. in fine.
(5) De cultu Deiparae Virginis in Sicil. in princip.

» Angeli , o divinamente apparvero dipinte. »
E tralasciando gli altri, Francesco Scorso, che
scrisse su questo argomento un' apposita dissertazione, può valere certamente per tutti. Infatti nelle prolusioni alle Omelie di Teofane Cerameo, che in greco ed in latino pubblicò in
Parigi l'anno 1646, tratta in prima dello stato
politico di Taormina, poscia dello stato della
Chiesa della medesima città, e finalmente della
Immagine non manufatta della Beatissima Vergine della stessa città di Taormina, e con più
ragioni chiaramente addimostra, che la Immagine non manufatta di Maria, che oggi i Taorminesi venerano nell'antichissimo tempio , è
quella stessa che con somma fede e divozione
veneravasi dagli abitanti primachè la loro città
fosse presa da' Saraceni.

X. Quale finalmente e quanta sia, e sempre
sia stata la devozione de'cittadini verso la su-
detta Chiesa ed Immagine , può chiaramente
rilevarsi dalle tabelle votive e dalle iscrizioni
in essa esistenti; come ancora dalla concessione, che l'anno 1622, coll'annuenza dell'Arcivescovo di Messina e de'Magistrati della città
di Taormina, fecero i Rettori della medesima
Devota ed antichissima Chiesa di S. Maria
della Concezione, sotto titolo di Nostra Si-
gnora de' Greci a' Religiosi dell' ordine Carme-
litano (1).

(1) Act. Notar. Joseph. de Anna Taurom. die 18 Octo-
bris 7 Ind.

Del Conte Ruggiero che libera Taormina dalla tirannide de' Saraceni.

I. La fortuna che per lungo corso di anni avea felicemente arriso a' Saraceni, sicchè ogni cosa era riuscita secondo i loro desiderii, cominciò verso l'anno 1060 a mutarsi, quando i Principi Normanni, per lo zelo della Cristiana Religione, portarono contro essi le loro armi. Imperocchè il Conte Ruggiero valicato lo stretto ed approdato a Messina, facilmente espugnò questa città cacciandone i Barbari; e con pari successo occupò tutti gli altri luoghi di Val Demone, eccettuata solamente Taormina città di quella regione, la quale come munitissimo refugio de' Saraceni, fortemente resisteva alle vittoriose armi de' Normanni.

II. Come e quando Ruggiero abbia assediato e preso la città di Taormina, niuno meglio lo ha tramandato alla storia che Goffredo Malaterra, scrittore di quel tempo, il quale così in versi come in prosa tessè la narrazione delle virtuose e valorose gesta del medesimo Ruggiero. Ed a lui in parte si accorda l'anonimo ma antico scrittore della Storia Siciliana dai

Normanni sino a Pietro d'Aragona, che fu dall'eruditissimo ed assai benemerito Giovan Battista Caruso (1) pubblicata sopra due codici manoscritti della Biblioteca Vaticana, l'un con l'altro confrontati.

III. Da' quali scrittori, quasi dell'istessa antichità e dell'istesso merito, certamente sappiamo, che Ruggiero non potè sottomettere al suo dominio i Saraceni che occupavano Taormina con quella stessa facilità, con cui eragli avvenuto di quelli di Messina e di altri luoghi moltissimi. Espugnate di fatto tutte le città e le borgate di Val Demone, la sola Taormina, munitissima per natura e per arte, restò sino all'anno 1078 inaccessibile a' Normanni; e così l'istesso sito di Taormina sicuro e difficile ad essere espugnato, come una volta fu di svantaggio a' Saraceni e di utilità a' Cristiani, or mutate le vicende, era di aiuto a' Saraceni e di danno a' Cristiani.

IV. Ruggiero adunque, conoscendo che senza avere prima espugnato Taormina non poteva portare le armi contro gli altri luoghi di Sicilia, rivolse tutto quanto l'animo e le forze alla conquista di questa città. Recatosi in essa nel Febbraio del medesimo anno 1077, e non potendola espugnare con le armi, si decise di costringerla alla resa con la fame; e quindi

. (1) Bibliot. histor. Sicul. Tom. 2 pag. 853.

chiuso per mezzo delle navi l'accesso dalla parte
del mare, recinse la città con ventidue muni-
tissime fortezze congiunte fra loro da siepi e
da macerie, in modo che da nessuna parte, sia
di terra sia di mare, si potesse entrare in città.

V. Però portandosi un giorno il Conte da
una all'altra di queste fortezze per provvedere
a' bisogni della guerra, alquanti Saraceni, appiattati fra i mirti che in questi luoghi erano
foltissimi, gli tesero un agguato : imperocchè
sbucando da un luogo dov'era il passo più
stretto, si scagliarono all'improvviso impetuo-
samente su di lui; ed egli che trovavasi inerme
e in nulla preparato a combattere, sarebbe certamente soggiaciuto, se Evisando, o come altri lo
chiamano Causaldo, di nazione Britanno, accorso
allo strepito delle armi, non si fosse frapposto
al Conte ed a' nemici, e ricevuti su di sè i
colpi delle saette, non avesse con la propria
morte liberato il Principe. Così il Malaterra (1),

(1) Anno instante **MLXXVIII** Comes Tauromenium obsi-
dens, viginti duobus castellis vallavit : ita ab uno in alte-
rum sepibus et stropibus claudens, sed et navalibus copiis
a procinctu maris cingens, ut nullo latere pateret aditus
ad castrum volentibus hostibus aliquid introducendi, vel
educendi. At dum quadam die de castro in castrum per præ-
cipitia scopulosi montis Comes visum transiret cum pau-
cis, pars quædam Sclavorum inter myrtetica virgulta lati-
tans in quodam arctioris transitus loco prorumpens ir-
ruit. Et nisi Evisandus quidam natione Brito, audito stre-
pitu sese Comiti et hostibus interposuisset de ipso Comi-
te, ut ajunt, hostibus triumphus cessisset. Sed cordium

a cui s' accorda l' anonimo sopracitato (1).

VI. Dopo ciò Ruggiero ritornando fra i suoi, onde non parere ingrato verso un tale e tanto liberatore, stimò suo dovere il ricompensare il ricevuto benefizio con quella mercede che poteva convenire ad un morto : laonde ordinò che il di lui cadavere fosse sepolto con grande onore e magnifici funerali, il che avvenne fra il pianto de' soldati, e distribuì a' poveri ed ai luoghi sacri grandissimi donativi. Di questi funerali ci lasciò la descrizione così in prosa come in verso il sopracitato Malaterra (2).

VII. Mentre ciò avveniva apparvero sotto Taormina quattordici navi spedite dall' Affrica; ma essendo i capitani e i più distinti personaggi di ciascuna nave invitati ad un amichevole abboccamento da' Normanni, affin d' iniziare un trattato di pace, ecco sorgere de' venti contrarii

solus inspector Deus bonam intentionem Principis in præcedentia, sive subsequentia per eum futura bene prænotans, aliter quam illi moliebantur rem transtulit. Scriptum quippe est: Non est sapientia, non est prudentia, non est consilium contra Dominum. *Malaterrae Lib. 3 Cap. 15.*

(1) Venerandus Comes Rogerius viginti duobus castris extra compositis Tauromenium obsedit, quumque die uno de Castro ad Castrum uno solo comitatus milite cui nomen Causaldus, pro ordinandis rebus equitaret, Saraceni, qui prope viam inter densitatem veprium latuerant, eis ex improvviso curtellis incurrentes fidelissimum Causaldum hostibus et Comiti se interponentem interfecerunt; Comes qui solus et inermis contra multos armatos pugnare non sufficiebat, vix eorum insidias potuit evadere.

(2) Lib. 3 Cap. 16 f. 211.

che discacciarono le navi dal mare di Taormina. Al quale avvenimento facendo allusione il Malaterra sopracitato cantò, che coloro che da Ruggiero erano invitati, venivano allontanati da Borea, ed il vento s'interpose perchè non fosse dato ciò che da Ruggiero si prometteva (1).

VIII. Finalmente i Saraceni, i quali avevano concepito all'arrivo delle navi la speranza d'un aiuto opportuno, veggendosi defraudati da questa lusinghiera fidanza, e non potendo più sostenere la fame che li avea ridotti agli estremi, consegnarono a Ruggiero quella città che per 109 anni dall'ultima invasione aveano occupato. E così Taormina dopo sette mesi di durissimo assedio, cioè nel mese di Agosto dell'anno 1078 venne in potere de' Normanni (2).

IX. Fattosi Ruggiero padrone di Taormina rese schiavi tutti i Saraceni che in essa trovò: e di questi, dopo la di lui morte, la Contessa Adelasia, vedova del Conte, donò alquanti al Real Monastero di S. Maria *della Gala* di Messina, come apparisce da un Diploma che contiene l'atto di donazione, fatto l'anno del mondo 6613 e di Cristo 1105 (3).

X. Finalmente diciamo, che mentre i Sara-

---

(1) Si quos invitat, Boreas accedere vetat,
    Et quod promisit dare, ne daret aura recisit.
(Cit. lib. 5 Cap. 17).
(2) Malaterra cit. lib. 3 Cap. 18 f. 212.
(3) Apud Pirr. not. 16 Abbat. S. Mariæ de Gala.

ceni occupavano Taormina, dal Patriarca Costantinopolitano era già stato consacrato Arcivescovo di essa città Teofane Cerameo, certamente titolare, come suole farsi de' luoghi che giacciono sotto la tirannide de' Barbari; e questi, dopo che la città fu liberata pel valore di Ruggiero dal giogo de' Musulmani, venne in essa, e restituito nella sua sede, istruì con molta accuratezza, e con la dottrina e con l'esempio, quel popolo divenuto rozzo, e ridotto a piccol numero. Ciò per altro fu sino all'anno 1082, poichè allora, vacando la Chiesa di Taormina, e non riputandosi per la esiguità del suo popolo degna d'un nuovo Arcivescovo, fu dal medesimo Conte Ruggiero unita al Vescovado di Troina da lui eretto; siccome dimostreremo nel capo seguente, in cui espressamente tratteremo del medesimo Teofane.

CAPO XXV.

—

Di Teofane Cerameo ultimo Arcivescovo di Taormina.

I. Abbiamo già più sopra manifestato ed insieme confutato l'errore di quelli i quali stimarono che Teofane Cerameo Arcivescovo di Taormina e scrittore eloquentissimo di Omelie, fosse l'istesso che Gregorio Cerameo Vescovo della medesima città ed anche sapientissimo autore di Omelie; avendo già dimostrato che Teofane fu del tutto diverso da Gregorio, come ancora che questi fiorì prima della invasione Saracenica, e quegli dopo la venuta de' Normanni in Sicilia. E certamente che Teofane non fu più antico de' Normanni il provammo con molti argomenti, e specialmente con quello desunto dalla di lui Omelia recitata il dì delle Palme innanzi al *Re Rogo* cioè Ruggiero Normanno Signore di Sicilia.

II. Ma poichè si sa che due furono i Principi Normanni di nome Ruggiero, cioè Ruggiero figlio del Conte Tancredi per parte della seconda moglie, uomo valoroso in guerra e religiosissimo in pace, che liberò la Sicilia dalla tirannide de' Saraceni, e Ruggiero figlio dello stesso primo Ruggiero per parte della terza moglie, uomo dotato di molto acume d'ingegno e di militare valore, il quale dopo la morte de' fratelli successe al padre nel dominio della Sicilia, così gran quistione si fa tra gli scrittori a quale de' due, se al padre od al figlio, debba riferirsi la iscrizione dell'Omelia. Per la dignità regia attribuita a Ruggiero, sostengono Pietro Lambecio (1), Casimiro Oudin (2), ed

---

(1) Comment. Bibliot. Cæsar. Vindobon. Tom. 5 pag. 328 et 365 T. 8 pag. 96.

(2) Comment. de Script. Eccl. Tom. 2 ann. Christ. 1140.

Antonio Paggi (1) che quella iscrizione debbasi riferire a Ruggiero figlio, che primo assunse per sè e pe' suoi successori il titolo di Re. Allo incontro però Guglielmo Cave (2). Giacinto Graveson (3), e L. Elles Du-Pin (4), sostengono con ugual peso che quella iscrizione debbasi riferire a Ruggiero padre; e che il titolo di Re gli sia dato non già per la dignità reale acquistata, ma per l'usanza de' Greci seguita da Teofane. E così questi vogliono che Teofane abbia fiorito l'anno di Cristo 1040, mentre quelli lo riportano a cento anni dopo, cioè all'anno 1140.

III. Non risolvette ma implicò maggiormente la quistione Leone Allazio (5), il quale stimò da una parte che il titolo dell'Omelia fosse diretto al Re Ruggiero figlio di Ruggiero Conte, ma dall'altra, confusa la serie degli anni, credette che l'istesso Ruggiero Re avesse fiorito l'anno 1040, non avvertendo che Ruggiero, figlio del primo di questo nome, regnò non già nell'undecimo ma nel dodicesimo secolo. Egli infatti fu riconosciuto Conte di Sicilia nell'anno 1105, in cui morì il fratello primogenito Si-

---

(1) In crit. Baron. ann. Chr. 1152 sect. 12 pag. 370 N. 8 et seq.
(2) Histor. litter. Script. Eccles. ad ann. 1040 pag. 602.
(3) Histor. Eccl. Tom. 4 Coll. 5 prope finem.
(4) Bibliot. Eccl. Tom. 8 Cap. 12 pag. 111.
(5) Diatriba de Simeonum Script. pag. 60 et seq.

mone, e con questo titolo tenne il governo del-
l'isola sino all'anno 1129; e da questo anno,
assunto il titolo di Re e come tale incorona-
to, governò per altri venticinque anni la Sicilia, cioè sino all'anno 1154 in cui passò al-
l'altra vita.

IV. Anzi tanto è lungi dal vero il citato anno
1040, che non solamente non può in niun modo
conciliarsi con l'epoca di Ruggiero figlio, ma
nè anche con quella di Ruggiero padre; essendo certo che Ruggiero padre avanti l'anno
1060 non era ancora venuto in Sicilia a de-
bellare i Saraceni, come attestano i documenti
certi e genuini di quell'età che abbiam trascritto nel II Volume del nostro Codice Diplomatico della Sicilia.

V. Io non son da tanto che voglia o possa
felicemente conciliare le così discrepanti opinioni di tai dottissimi scrittori; ma ciò non o-
stante stimo che Teofane abbia piuttosto fiorito sotto Ruggiero padre anzichè sotto il figlio; essendo abbastanza certo che prima di
essere assunto al trono Ruggiero figlio, il Vescovado di Taormina avea cessato di esistere.
Ciò addimostrano svariati documenti importan-
tissimi e per nulla sospetti.

VI. Il primo si è la carta del medesimo Conte
Ruggiero, il quale nell'anno 1082 istituendo la
prima Cattedra Episcopale nella città di Troina,
fra gli ampii confini e fra i moltissimi beni do-

nati alla Chiesa da lui istituita rassegna Taormina allora vacante di Episcopato (1).

VII. Secondo. Il diploma del medesimo Conte Ruggiero per la traslazione del Vescovado di Troina nella città di Messina, fatta dall'istesso Conte Ruggiero circa l'anno 1096, dove viene annoverata Taormina fra i luoghi appartenenti a questa medesima Diocesi (2).

VIII. Terzo. L'atto di concessione della Chiesa di S. Giovanni di Fiume Freddo di Taormina con tutti i suoi beni e dipendenze, fatta da Roberto -Vescovo di Messina al Convento di S. Agata di Catania l'anno di Cristo 1106. In esso trattasi di Taormina come di una città data già per autorità del Romano Pontefice in Parrocchia alla stessa Chiesa di Messina (3).

(1) Omnes autem Ecclesiæ, civitates, et castella cum vicis et villulis suis, quæ infra hos terminos continentur, jure Episcopali in jurisdictione supradicti Præsulis, et successorum suorum esse constitui; nomina autem civitatum et castellorum sunt: Messana, Rimecta, Milatium, Tauromenium, Militellum etc. — *Apud Pirr. Not. Eccl. Trojn. ad ann.* 1082.

(2) Termini autem harum terrarum cognoscuntur sic: Incipit a Valle Agrilla ex parte aliarum, et vadit per maritimam usque ad Tauromenium et respondet ad Messanam et vadit usque ad Melacium etc.—*Ibid. not. Eccl. Messan. ad ann.* 1096.

(3) Ecclesiam S. Joannis de Flumine Frigido, cum omni sua possessione, quæ Ecclesia in territorio Tauromenitanæ Civitatis sita est. Sed Tauromenitana Civitas in nostris temporibus secundum dispositionem Sanctæ Romanæ Ecclesiæ Sedi Messanensium Ecclesiæ cum omni sua

IX. Quarto finalmente, le Lettere di Eugenio Papa III date l'anno 1061 a Roberto terzo
di questo nome Vescovo di Messina; nelle quali
descrivendo i confini di questa Chiesa stabiliti
dal suo predecessore Urbano, fa menzione di
Taormina (1).

X. In vista di questi documenti dell'antichità, non crediamo che voglia alcuno estendere
il Vescovado di Taormina sino a' tempi del Re
Ruggiero, e quindi opinare che Teofane abbia
fiorito sotto il di lui governo anziché sotto quello
del padre. Vero è che Nilo Doxopatrio, com-
pilando circa l'anno 1140, per comando di Ruggiero Re, un Commentario de' cinque Troni Patriarcali con le Chiese e Diocesi ad essi soggette, fra le Chiese Vescovili insieme al loro
Metropolitano di Siracusa sottoposte al Patriarca
di Costantinopoli enumera Taormina; ma se ben
si riguarda, Nilo Doxopatrio, nel compilare la
sua descrizione, alcune cose trascrisse dalla *Notizia sul Patriarcato Costantinopolitano* fatta
sotto Leone soprannominato Sapiente (2), la

---

possessione in Parochia data est, vere dedi Ego Rober-
tus Messanensis Episcopus Monasterio Sanctæ Agatæ Virginis et Martyris etc. — *Apud Gross. Catana Sacra in
Ausgerio Episcop. ann. 1106.*

(1) Insuper et possessiones et bona expresse Messanam,
Rimectam, Milatium, Tauromenium, Castellionem, Cala-
tabian Mascalam etc. — *Apud Pirr. not. Eccl. Mess.
ann. 1131.*

(2) Diatriba de Simeonum scriptis pag. 66.

quale dimostra lo stato antico delle Chiese di Sicilia, quando cioè i Greci dominavano nell'Isola e il Greco Patriarca era il Primate immediato di tutti i nostri Vescovi; e molte altre cose inventò di testa sua, facendo menzione di moltissimi luoghi, parte interamente deserti, e parte non mai decorati della dignità Vescovile.

XI. Però alla nostra congettura nell'assegnare l'epoca di Teofane al tempo del primo Ruggiero, sembra ostare il titolo di Re attribuitogli dall'istesso Teofane; il qual titolo conviene a Ruggiero figlio, piuttosto che al padre. Questi di fatto ritenne sino alla morte il titolo di Conte che avea assunto sin dal principio del suo governo; quegli però dopo d'avere per alquanti anni governato col titolo di Conte, nell'anno 1129, volendosi adornare di un titolo e d'una dignità più onorevole, lasciata l'antica denominazione, comandò che fosse nominato e salutato Re.

XII. Ma nulla vale questa obbiezione pe' dottissimi scrittori, i quali sanno per l'autorità di Leone Allazio, essere stata costumanza de' Greci, e massimamente Oratori, di onorare i proprii dominanti non con que' titoli che ad essi si dovevano, ma con altri assai più magnifici, affin di conciliarsi con tale profusione di titoli la loro benevolenza. E specialmente credesi avere ciò fatto Teofane, il quale, eletto Vescovo titolare dal Patriarca di Costantinopoli quando an-

cora Taormina era sotto il giogo de' Saraceni,
venendo in Sicilia, e invitato a predicare alla
presenza di Ruggiero, volle blandire con l'am-
plissimo titolo il nuovo Principe, e cattivarsi la
di lui benevolenza, ond' essere restituito nella
sua Sede di Taormina, già liberata dalla tirannide de' Saraceni.

XIII. E ciò tanto più, che Ruggiero padre
nell'ambire la dignità regale non fu più mo-
derato del figlio; anzi egli stesso il primo bra-
moso dell'onore e della dignità suprema, benchè usasse ordinariamente il titolo di Conte,
pure qualche volta o assumeva di moto proprio
il titolo di Re, o datogli da' popoli nol rifiu-
tava. Così rilevasi dal Diploma che contiene
l'atto di fondazione del Regio Monastero di S.
Maria di Mile dell'Ordine di S. Basilio, eretto
e dotato dall'istesso Ruggiero padre nell'anno
1092 (1). In esso è scritto: *Dopochè per la*
Divina Provvidenza l'Isola di Sicilia è stata
assoggettata e liberata dal giogo della per-
fidia, ed io sono stato proclamato Re, mi son
proposto di edificare i tempii de' Santi. A
questo s'accorda un altro Diploma del medesimo Ruggiero dell'anno 1093 che contiene i
privilegi della giurisdizione giudiziaria, l'esenzione e le libertà concesse al Regio Monastero
di S. Angelo di Lisico, giusta il Codice ma-

(1) Lib. Prælat. pag. 478.

noscritto delle Prelature di Sicilia esistente nella Regia Cancelleria. In esso sta scritto : *Io Ruggiero per la grazia di Dio Re di Sicilia, di Calabria e di Puglia, a provvedere a' bisogni dell'anima mia e di tutti i miei parenti defunti ho fatto esenti da ogni peso il Monastero di S. Angelo di Lisico in Val Demone...sicchè tutti gli animali di questo santo cenobio potranno liberamente pascolare in ogni luogo del regno nostro di Sicilia.* L'istessa cosa vien detta nell'atto di compra di una certa possessione vicina al fiume di Sale in Sicilia fatta in favore del Monastero di S. Maria *di Gratera,* molto tempo prima che Ruggiero figlio assumesse il titolo di Re, cioè l'anno 1101; in esso dicesi che la moneta sborsata in prezzo era segnata *dell'immagine del nostro potentissimo Re Ruggiero,* cioè il padre non molto innanzi morto in Mileto.

XIV. Da tutto ciò che si è detto si fa chiaro che Teofane Cerameo, stando la Sicilia sotto il giogo de' Saraceni, fu consacrato Arcivescovo di Taormina, certamente titolare, siccome quelli che sogliono eleggersi pe' luoghi esistenti sotto la tirannia degl'infedeli. È chiaro ancora che dopo la venuta de' Principi Normanni in Sicilia, e per le loro vittorie contro i Saraceni liberata l'Isola, fu restituito alla sua Chiesa sebbene ridotta quasi al nulla, e volse l'animo a governare il suo gregge, pochissimo di numero, afflitto, e desolato. È chiaro finalmente che l'Episcopato di Taormina fu spento con Teofane, e che la stessa città, devastata dal ferro e dal fuoco, e resa quasi deserta di abitanti, non ebbe più altro Vescovo da' Normanni : ma, come dicono, con tutte le sue dipendenze fu aggregata nell'anno 1082 alla Chiesa di Troina; e che poi nell'anno 1096 trasferita la stessa Sede di Troina in Messina, fu assoggettita a questo Vescovado nell'istesso modo che tuttora la vediamo sussistere. E così si scorge che non per astio o per ingiuria venne a mancare l'Episcopato di Taormina ma per ragion di religione; e siccome il sangue de' Martiri diede a questa Cattedra uno splendido principio, il medesimo sangue diede ad essa una nobilissima fine.

CAPO XXVI.

—

Dello stato della Chiesa di Taormina dalla perdita della Vescovile dignità sino ai nostri tempi.

I. Dopo che l'empietà de' Saraceni travolse e quasi col suo Vescovo seppellì la Cattedra Vescovile di Taormina, gli ecclesiastici che vi erano, e quelli che in appresso vi furono, non lasciarono secondo l'opportunità del tempo e del luogo di servire a forma di Canonici a Dio ed alla Chiesa, sotto un Rettore che si avea nome e dignità di Arciprete. Usarono per lungo tempo l'almuzio di color violaceo con la cotta, finchè Alessandro Papa VII stimò conveniente di concedere a questa Collegiata, decorata un tempo del titolo di Cattedrale, un abito più onorifico e corrispondente alla sua dignità.

II. Quindi avvenne, che l'istesso Romano Pontefice, col voto degli Eminentissimi Cardinali della Sacra Congregazione de' Riti, concesse al medesimo Arciprete ed a' Canonici, ed a' loro futuri successori in perpetuo l'uso del Rocchetto e della Mozzetta violacea, e secondo la varietà de' tempi nera, e all'Arciprete inoltre l'uso della Cappa Magna con l'Ermellino : e dichiarò che potessero portare lecitamente le sudette insegne così dentro che fuori della propria Collegiata, nelle processioni, e nelle altre funzioni pubbliche e private, e in qualunque tempo e giorno dell'anno. Così costa dalla Bolla del medesimo Alessandro VII che incomincia : *Decet Romanum Pontificem* data in Roma presso S. Maria Maggiore l'anno dell'Era Volgare 1667 il giorno sesto di Maggio, esecutoriata nel regno il giorno 29 di Agosto del medesimo anno. Oggi tanto l'Arciprete quanto i Canonici usano anche la palmatoria per facoltà ricevutane da tre anni a questa parte, cioè l'anno di Cristo 1747.

III. La Chiesa di Taormina come vestigio dell'antica magnificenza tiene a sè soggette non solo le Parrocchie e le chiese della medesima città, ma quelle ancora delle terre adiacenti, come sono Mola, Gaggi, Graniti, Gallidoro, Mongiuffi e Melia. E così colui che col titolo di Arciprete è Superiore e prima dignità nella Collegiata di Taormina, vien riconosciuto Parroco universale di tutte le chiese della medesima città, de' suburbii, e delle terre convicine; egli nomina i Canonici della sua Chiesa che debbono poi eleggersi dall'Arcivescovo di Messina, crea per sè stesso i Mansionarii, ossiano Vivandieri, ed istituisce per la città e per le borgate de' Rettori amovibili *ad nutum*, i quali sempre in di lui nome o tengono la cura delle anime, o amministrano i beni della Chiesa.

IV. La elezione dell'Arciprete apparteneva ne' primi tempi all'Arcivescovo di Messina, ma pubblicate poscia le regole della Cancelleria, per doppio riguardo restò questo Beneficio riservato alla collazione ed alla disposizione della Sede Apostolica; sì perchè questa Arcipretura costituisce la prima e principale dignità d'una Collegiata insigne, e sì ancora perchè le sue rendite eccedono l'annuo valore di dieci fiorini d'oro. E queste rendite cominciarono ad eccedere il sudetto valore dopochè all'Arciprete ed a' Canonici furono assegnati i beni del Col-

legio della Compagnia di Gesù, del Convento
de' PP. Conventuali di S. Francesco, e di altri,
come al proprio luogo diremo.

V. Vacando adunque la Chiesa di Taormina
per la morte di Onofrio Consentini, alla di cui
vigilanza, dottrina, e zelo si deve, che le rendite della Chiesa si siano accresciute , e che
all'Arciprete siasi annesso il titolo di Prima
Dignità, fu eletto Francesco Corvaja, uomo for-
nito di pari merito e dottrina; ma la sua elezione non fu fatta dall'Arcivescovo di Messina,
sibbene dal Romano Pontefice Clemente X in
vigore di Apostoliche Bolle date in Roma l'anno
1672 il giorno sesto di Dicembre, le quali furono esecutoriate nel regno, e poscia trascritte
nella Curia Arcivescovile di Messina (1). Fu parimente istituito dal Romano Pontefice Vincenzo
Lombardo, che successe immediatamente al Corvaja, com'è a vedere nelle Bolle Apostoliche
date in Roma sotto il 26 Ottobre 1685 ed e-
secutoriate l'anno seguente nel Regio Senato e
nella Curia Spirituale di Messina. Al Lombardo
successe Giuseppe Gulotta, il quale emulando
la dottrina e il zelo de' suoi predecessori, ottenne a' Secondarii, ossiano Vivandieri, l'Almuzio violaceo, s'impegnò ad accrescere le rendite
della Collegiata coll'annettervi ed incorporarvi
alquanti beneficii semplici, e la dignità arci-

(1) Ex Arch. Messan. lib. anno 1673 die 27 Martii.

pretale col procurare che fosse aggiunto ad essa il titolo del Priorato della SS. Annunziata. Anche costui ebbe la sua elezione dalla Santa Sede, in vigore delle Bolle di Clemente Papa XI date in Roma il giorno 11 Dicembre dell'anno 1710, esecutoriate nel regno l'anno 1712. Finalmente Onofrio Finocchio, uomo sommamente dotato di quella dottrina che a un tanto grado si conviene, e che oggi diligentissimamente presiede alla sua Chiesa, ebbe ancor egli le Bolle d'istituzione dalla Santa Sede, date in Roma l'anno 1733 il giorno 8 di Gennaro sotto il Pontificato di Clemente XII ed esecutoriate nel regno il giorno 10 di Luglio del 1734.

VI. Oltre la Collegiata insigne, Matrice e Chiesa Parrocchiale, dedicata a S. Nicolò Vescovo di Mira, la città di Taormina ha tre altre Parrocchie, dipendenti dall'Arciprete, Rettore di tutte le Chiese e Parroco universale. Delle quali una è quella dedicata alla Vergine Assunta in Cielo, e che era la maggior Chiesa antica, e di cui hanno l'uso i Padri dell'Ordine de' Minimi di S. Francesco di Paola, per concessione ad essi fatta nell'anno 1612 da Melchiore Consiglio allora Arciprete di Taormina con la riserva a sè ed a' suoi successori del dritto Parrocchiale (1). Questa Chiesa vien diligentemente

----

(1) Act. Notar. Francisci Cuscona Tauromen. die 13 Dec. 13 Ind. 1612.

descritta da Francesco Scorso, erudito editore ed interprete accuratissimo di Teofane Cerameo, il quale sostiene, che è quella stessa nella quale il medesimo Cerameo nella qualità d'Arcivescovo di Taormina soleva recitare le Omelie (1). L'altra è quella di S. Domenico, per ritenere la quale l'Arciprete Onofrio Consentini ottenne dalla Santa Sede sotto Innocenzo X Pontefice Massimo, le Lettere di manutenzione e di possesso, date in Roma sotto il giorno 21 Aprile XIV Ind. 1646, esecutoriate in regno al 1 Giugno del medesimo anno, e sotto il giorno 18 dell'istesso mese presentate e trascritte nella Gran Corte Arcivescovile. La terza finalmente è quella che sotto il titolo di S. Maria *Raccomandata* fu dapprima eretta da un Arciprete di Taormina per provvedere a' bisogni spirituali di quelli che andavano ad abitare fuori della città alla spiaggia del mare, e che di giorno in giorno vi fissano la dimora.

VII. Vi sono in Taormina cinque Conventi di Regolari. Il più antico fra tutti è quello di S. Francesco sotto il titolo di *S. Maria di Gesù*, la di cui origine viene a buon dritto riportata a' tempi dell'istesso Serafico Padre, fondatore dell'Ordine, da Rodolfo Tassiano Vescovo di Sinigaglia (2), alla di cui autorità s'accorda quella

(1) Not. ad Homil. 40 N. 1.
(2) Hist. Seraph.

di Luca Wadingo (1), il quale afferma che questo Convento non è meno antico dell'anno 1224. Anzi Filippo Cagliola (2) sostiene che questo Convento fosse eretto prima dell'anno 1221; nè sembra che da lui dissenta l'Autore delle *Conformità*, il quale riferendo per ordine di antichità le Provincie Francescane, le Custodie delle Provincie, e i Conventi di ciascuna Custodia, assegna all'undecimo luogo la Provincia di Sicilia, la quale divide in cinque Custodie; delle quali nomina come la più antica quella di Messina, nella quale dà il quarto luogo a questo Convento di Taormina, e lo pone avanti quello di Patti, il quale come afferma il Pirri (3) fu eretto mentre era ancora in vita l'istesso S. Francesco. La quale affermazione del Pirri viene indubitatamente confermata da due lettere scritte dal medesimo S. Francesco (4), una a' Pattesi i quali per messi gli aveano dimandato la sua Religione, e l'altra a S. Antonio di Padova che ivi operava grandi miracoli.

VIII. In questo Convento di Taormina fu ricevuto per qualche tempo in ospizio il medesimo Padre S. Antonio di Padova, quando volea passare a' Saraceni per incontrare fra essi

(1) Epitom. annal. Ord. Minor. Tom. I anno 1224 N. 10.
(2) Hist. Minor. Convent. Sicil. Explor. 31 manif. 50.
(3 Not. Eccl. Pactens. in Actuar. Sacro pag. 420.
(4) Apud Philippum Cagliola loc, cit.

Il martirio, e di propria mano piantò nell'orto alcuni cipressi e molti cedri che ancora esistono, e si sono sperimentati utilissimi a guarire da varie infermità (1). Questo Convento era dapprima tenuto da' Minori Conventuali, i quali mirando ad una santità di più stretta disciplina, e sentendosi accesi di grandissimo desiderio a professarla, lasciato l'antico istituto passarono a quello che dicesi de' Minori Osservanti; e questo non già di propria autorità, ma col consenso del Romano Pontefice. Dopo adottata la regola degli Osservanti, erano così diligenti nell'osservanza del loro istituto, che la loro vita era d'ammirazione e di esempio a tutti i cittadini (2).

IX. Vigendo così lo spirito della regolare disciplina fiorì in questo Convento quel servo di Dio degnissimo di ogni venerazione, P. Cherubino, uomo di ammirabile penitenza ed amantissimo della vita eremitica, cui esercitò santissimamente nell'Oratorio dappresso al Convento, e che tanto vivo che morto si rese illustre per moltissimi miracoli. Questo padre pel merito della sua santità non fu tumulato nel cimitero comune, ma in una sepoltura particolare l'anno 1502, e dopo novant'anni, tro-

(1) Marian. hist. min. Gonzaga de orig. Seraph. relig. Franc. p. 2 de Prov. Sicil. Convent. 10. Cagliola Hist. Minor. Convent. Sicil. explorat. 3 manif. 1.
(2 Gonzaga loc. cit.

vato illeso ed intatto non solo il suo corpo, ma anche l'abito che indossava, fu riposto in luogo più degno dov' è venerato, e pe' miracoli che vi fa, grandemente onorato da numeroso concorso di popolo (1).

X. Nel corso del lavoro della presente storia ci venne fatto d'incontrare due Reali Diplomi per la esenzione personale e per la immunità reale de' Religiosi di questo Convento (2). Uno è del Re Pietro II di questo nome, dato in Catania al giorno 9 di Marzo dell'anno 1344, nel quale fu stabilito che i Frati non fossero vessati col pretesto della guardia notturna della città, nè che fossero astretti a subire alcuna personale *angaria*. L'altro è del Re Federico III figlio del predetto Pietro II, dato in Messina al giorno 26 di Gennaro dell'anno 1368, che contiene la conferma del precedente privilegio, e dippiù la concessione dell'immunità dal pagamento de' tributi e de' balzelli, pel frumento necessario a' medesimi Frati.

XI. Dopo il Convento di S. Maria di Gesù viene in ordine di antichità quello di S. Do-

---

(1) Martyrolog. Francisc. die 8 Januar. Menolog. Minor. S. Franc. die 22 Mart. Legendarium Franciscanum die 22 Martii. Barezzus Chron. Minor. p. 4 lib. 3 Cap. 22. Wadingus Epitom. Annal. Ord. Minor. Sect. 2 ann. Christ. 1502 Gonzaga de Orig. Seraph. Relig. Francisc. p. 2 de Prov. Sicil. Convent. 10.

(2) Ex Reg. Cancell. lib. ann. 1364 pag. 281 tergo.

menico, della cui fondazione si deve la gloria
al Frate Girolamo De Luna nobile Taorminese,
religioso dell'istesso ordine. Costui dopo fatta
la sua professione in Roma nel Convento di S.
Sisto, e ricevuta la laurea del Maestrato in Bo-
logna, tornò in patria ad esercitarvi l'officio di
Missionario; e qui con la parola e con l'esempio accese tanto gli animi de' cittadini all'a-
more della pietà, che questi onde non essere
privati in alcun tempo di un tanto spirituale
soccorso, domandarono con ogni istanza d'a-
vere la famiglia de' Predicatori, concedendo a
questi Religiosi la Chiesa di S. Agata. E così
l'anno 1374 il giorno 3 d'Aprile, sacro a S.
Pancrazio Vescovo e Patrono principale della
città, fu eretto con grande allegrezza del popolo, e speranza di futuri vantaggi, questo Convento sotto il titolo di S. Agata. Da principio menavano i Religiosi una vita povera, e
si sostentavano con le oblazioni e con le ele-
mosine de' cittadini; ma quanto meno erano
provvisti di beni temporali, tanto più abbonda-
vano di santità e di dottrina. Fra essi massimamente si distinse Fra Simeone Morgona, nobile Taorminese, Maestro Provinciale di tutta la
Provincia di Sicilia ed Inquisitore del S. Uffizio, il quale dallo stato umile in che era allora il Convento, lo ridusse in più ampia e
splendida forma, aiutandolo in questo l'illustre
Principe Damiano Rosso, il quale l'anno 1388

gli assegnò una ricchissima dote, e nell'anno 1430 gli fece la donazione di quasi tutti i suoi beni (1), contentandosi del solo abito dell'Ordine, nel quale morì, e fu sepolto nella Chiesa del medesimo Convento, eretta sotto il titolo della SS. Annunziazione di Maria Vergine.

XII. Essendo i Religiosi di questo Convento intenti con ogni diligenza alla regolare disciplina, i Giudei che dapresso avevano la Sinagoga e il cimitero, erano ad essi d'impedimento nel divoto ed attento esercizio de' divini uffizii; per la qual cosa il Pontefice Callisto III, mirando al bene della religione, esortò paternamente il Re Alfonso, affinchè comandasse che la detta Sinagoga e il cimitero fossero in altro luogo trasportati, scrivendone al Re in data del 24 Ottobre dell'anno 1455, del suo Pontificato l'anno primo. La qual disposizione ordinò il Re che senza indugio fosse eseguita, comminando la sua regale indegnazione e la multa di mille fiorini a chiunque avesse osato contravvenire; come costa da un Real Diploma del medesimo Re dato in Napoli il giorno ultimo di Dicembre dell'anno 1456, i quali documenti furono pubblicati dall'Autore del Bollario dell'Ordine de' Predicatori (2). Questi fatti furono da noi cennati nella nostra Storia degli Ebrei in Si-

(1) Act. Not. Antonini Scammacca Catan. die 6 Julii 1430.
(2) Bullar. Ord. Prædicat. Tom. 7 Cost. 34 pag. 85.

cilia, e speriamo narrarli per disteso nel nostro Codice Diplomatico della Sicilia, il di cui primo volume abbiamo già dato alla luce, e gli altri quanto prima saranno anch'essi pubblicati. Non pertanto giudichiamo far cosa utile il trascrivere qui per commodo de' lettori, almeno le Lettere Apostoliche.

» Callisto PP. III.—Carissimo figlio in Gesù
» Cristo, a te sia salute e l'Apostolica benedi-
» zione. Abbiam saputo che in un luogo di
» Taormina della Diocesi di Messina del tuo
» Regno di Sicilia, i Giudei abitanti in detto
» luogo hanno la Sinagoga ed il cimitero così
» vicini al Monastero de' Frati Predicatori del
» medesimo luogo, che non solo riesce di gran-
» de disdecoro a' Cristiani, ma ancora di gran-
» de disturbo a' medesimi Frati quando cele-
» brano il divino ufficio; la qual cosa giudi-
» chiamo che non debba esser comportata dalla
» tua Serenità, stantechè ridonda in offesa della
» Divina Maestà, ed in disonore de' Cristiani.
» Ti esortiamo adunque affinchè, com' è giusto,
» faccia dal detto luogo trasportare altrove la
» Sinagoga e il Cimitero de' Giudei. E questo,
» quantunque convenga alla tua Serenità che
» lo faccia, e siam sicuri che lo farà, dobbiam
» dire che eseguendolo farai cosa accettissima
» all'Onnipotente Iddio, grata a noi, e degna
» della tua devozione. Dato in Roma presso
» S. Pietro sotto l'Anello del Pescatore il giorno

» 24 Ottobre 1455 del Pontificato nostro l'anno
» primo. »

XIII. Siegue il Convento de' PP. Eremiti della
regola di S. Agostino, del quale ci sia permesso
di ritrarre da un po' più in alto la storia della
fondazione, esponendola con più distinta narrazione. L'anno 1486, trovandosi la Sicilia travagliata dalla peste, i Taorminesi ond' essere
liberati da questa generale calamità, implora-
rono il patrocinio di S. Sebastiano; ed avendo
pe' meriti e per le preghiere di questo Santo
conseguito la divina misericordia, inalzarono
in onore di Lui una Chiesa, a cui assegnarono
in dote i dritti de' *Bollettini* che forse si sa-
rebber fatti per l'avvenire in tempo di peste,
confermando siffatta donazione sotto il giorno
8 del mese di Gennaro del medesimo anno
D. Gaspare de Spes allora Vicerè di Sicilia (1).
Nell'anno poi 1530, affinchè il culto verso Dio,
e la devozione verso il protettore S. Sebastiano
sempre più si accrescesse, i Magistrati e tutta
la cittadinanza concessero la detta Chiesa coi
suoi beni, e con le sue rendite ai Padri del-
l'Ordine degli Eremiti di S. Agostino, annuendo
e confermando la donazione il Vicerè D. Ettore
Pignatelli e l'Arcivescovo di Messina Antonio
de Lignamine. Laonde il P. Vincenzo Pietro da
Messina Maestro Provinciale del medesimo or-

(1) Ex Reg. Cancell. et ex Archivio ejusdem Conventus.

dine trasportò un drappello di suoi religiosi in
Taormina, ed aprì il Convento il giorno 18 Settembre del medesimo anno (1). Quindi si vede
esser caduto in manifesto errore il P. Lubin,
che riporta l'erezione di questo Convento al-
l'anno 1584, ingannato da' registri Romani poco
esatti per ciò che riguarda questa parte (2).

XIV. Molti soggetti ha avuto ed ha tuttora
questo Convento illustri per dottrina, per santità, e per zelo di regolare osservanza; fra i
quali basta per tutti rammentarne tre soltanto,
di cui fa onorata menzione il diligentissimo
scrittore della Storia Agostiniana Sicula, P. Bonaventura Attardi, religioso dell'istesso Ordine
degli Eremiti di S. Agostino (3). Il primo si
è il P. Maestro Antonio Rizzo, peritissimo nelle
lingue Greca ed Ebraica, e che fu, circa l'anno
1608, sommamente lodato fra i primi profes-
sori di lettere in Padova e in Pavia. L'altro fu
il P. Maestro Tommaso Amorosi, congiunto a
noi per istretti legami d'amicizia, uomo dotato
di grande acume d'ingegno, di nobile facon-
dia, e di maturo giudizio, e sommamente i-
struito nelle lettere divine ed umane e nel
Dritto Canonico; il quale morì in Palermo l'anno

---

(1) Ex off. Jurat. Taurom. ex Archiv. ejusdem Conv.
et ex hist. August. Sicil. P. Bonaventuræ Attardi Cap. 31
pag. 213.
(2) Attard. Hist. Ord. S. August. Sicil. Cap. 31.
(3) Attard. loc. cit.

1733. Finalmente il P. Fulgenzio Tucci custode vigilantissimo della monastica disciplina, e diligente sostenitore de' beni temporali, il quale per venti e più anni resse con zelo e prudenza questo Convento di Taormina, e morì circa l'anno 1728.

XV. La famiglia de' Cappuccini venne circa l'anno 1559 in Taormina (1). Costruì da principio il suo piccolo convento fuori le mura nella parte settentrionale che guarda Messina, presso l'antica Chiesa di S. Caterina; ma questa poi, l'anno 1610 il giorno 27 di Aprile, fu da' suoi Rettori e Confrati, con l'annuenza di Pietro Ruiz, Arcivescovo di Messina, che allor trovavasi in Taormina in corso di visita, venduta a' medesimi Padri, intenti ad ingrandire il Convento, al prezzo di duemila fiorini; la qual somma promisero di pagare i nobili e pii cittadini Nicolò Mancuso Barone di Fiumefreddo di San Basilio e di Càrcaci, Fabrizio Mancuso, Giuseppe Corvaja, Arcangelo Zumbo, e Giuseppe di Agosta, ad effetto di fabbricarsi una nuova Chiesa sotto il titolo di S. Caterina dentro le mura (2). Del resto la città di Taormina assegnò al suo Convento de' Cappuccini la limosina annuale di cento fiorini, in virtù d'un pubblico *Consiglio*, come il dicono, fatto il giorno 24 Lu-

---

(1) Act. Cnr. Spirit. Taurom. die 14 Nov. 1587.
(2) Act. Not. Vincent. Cacciola Taurom. die 27 Apr. 1610.

glio 1692, e confermato dal Duca di Reda Vicerè di Sicilia (1). Molti personaggi illustri fiorirono in questo Convento, fra i quali degni di speciale elogio si reputano P. Bonaventura Arcidiacono, P. Giuseppe Cariddi, P. Antonio Luca, e P. Antonio Cuscona nobile decoro della patria, della famiglia, e dell'ordine.

XVI. In qual tempo siano venuti in Taormina i Frati Minimi dell'Ordine di S. Francesco di Paola, ben si sa dal XXXVI Capitolo Generale del medesimo Ordine celebrato in Roma nel Convento della SS. Trinità l'anno 1617 il giorno 8 del mese di Maggio, sotto la presidenza del Cardinale Agostino Calamino Vice-Protettore dell'Ordine (2). In esso a decoro della Religione, e ad utilità de' popoli fu confermata l'erezione del Convento di Taormina. Quindi Francesco Lonovio nella sua Cronaca Generale dell'istesso Ordine (3) riconosce essersi nel detto anno 1617 fondati tre Conventi nella Provincia di Messina: in Taormina, in Vizzini, e in Militello. L'istessa cosa dice Stefano Isnarno Tolonese nel suo *Codice Minimo dell'Ordine de' Minimi di S. Francesco di Paola* (4), riferendo che questo medesimo Convento di Taormina fu accettato nel sopradetto anno

(1) Ex reg. Cancell. lib. ann. 1692 die 5 Julii pag. 130.
(2) Digest. Sapient. Minimitanæ.
(3) Ad annum 1617 pag. 485 N. 2 et 3.
(4) Ad ann. 1617 pag. 23.

1617. La Chiesa di questo Convento è Parrocchiale, ed una volta era tempio grandissimo
sotto il titolo dell'Assunzione della B. Maria
Vergine, e fu concesso, come sopra abbiamo
dimostrato, sotto alcune condizioni l'anno 1617
a' medesimi Padri per costruirvi il nuovo Convento. Finalmente l'anno 1627 celebrandosi in
Palermo il Capitolo Generale, si fe' istanza al
Re perchè fosse data qualche elemosina al Convento de' Minimi di Taormina, ed il Re accon-
sentì alla dimanda, ordinando, con lettere date
in Madrid il 29 Febbraro 1628, che si dessero
a' medesimi Padri ottocento fiorini sul fondo
degli Spogli e Sedi vacanti (1).

XVII. Erano dippiù in Taormina tre altri Conventi di Regolari, che oggi più non esistono. Di
questi il più antico era quello de' Conventuali
di S. Francesco d'Assisi sotto il titolo di S.
Maria del Soccorso, fondato l'anno 1572 al con-
fine della città, e presso la Chiesa di S. Pancrazio (2). Questo Convento perchè non aveva
il numero di Frati necessario ad osservare la
regolare disciplina, restò soppresso ed estinto, secondo la Bolla d'Innocenzo Papa X che
comincia *Instaurandi*, data in Roma il giorno
17 del mese di Ottobre 1652, ed esecutoriata

(1) Ex Reg. Cancell. lib. ann. 1628 pag. 66.
(2) Thossianus histor. Seraph. et Cagliola histor. Minor.
Convent. Sicil. Explor. 3 Manif. 1.

in Palermo il giorno 12 del mese di Agosto 1659; e tutte le rendite del Convento furono assegnate alla Comunia de' Canonici e Sacerdoti della Madrice Chiesa della medesima città, in virtù di un Decreto della S. Congregazione degli Eminentissimi Cardinali sullo Stato dei Regolari , dato in Roma il giorno 4 Gennaro 1662, ed accettato nel Regio Senato del nostro regno il 9 Marzo del medesimo anno, e trascritto nella Gran Corte Arcivescovile di Messina il giorno 12 Aprile dell'anno predetto (1).

XVIII. Nel medesimo tempo e per la medesima causa per cui fu soppresso il Convento de' Minori Conventuali, fu estinto il Convento de' Carmelitani sotto il titolo di *S. Maria dei Greci.* Nell'anno adunque 1661 (2) i detti Frati di S. Maria del Carmelo partirono da Taormina, e la loro Chiesa con la venerabilissima Immagine di Maria non *manufatta*, ritenuto l'antico titolo, tornò in potere dell'Arciprete, dei Rettori, e de' Confrati, da' quali nell'anno 1622 era stata concessa a' medesimi Carmelitani, che erano venuti a stabilirsi in Taormina (3). Stimano i Taorminesi questa Immagine come il più prezioso oggetto fra tutti i tesori preziosi; ad·essa con grande devozione ricorrono, ed a

(1) Ex Archiv. Curiæ Archiep. Messan. lib. anno 1662 die 12 Aprilis.

(2) Ibid. lib. ann. 1661 die 12 Junii.

(3) Act. Not. Joseph. de Anna Taurom. die 18 Oct. 1622.

placare nelle calamità l'ira di Dio, la conducono processionalmente per la città, precedendo non solo il clero ma anche il popolo, aspersi di cenere e vestiti di sacco e di cilizio; nè ciò disordinatamente, ma divisi per classi, andando avanti i fanciulli, poi le vergini, quindi gli adulti, e da ultimo i vecchi. Di questa Chiesa e di questa Immagine abbiam detto - qualche cosa più sopra trattando *dello Stato della Chiesa di Taormina sotto la dominazione Saracenica;* assai più altre cose con maggiore eleganza di stile e con ordine più distinto ne scrisse Francesco Scorso (1).

XIX. Della origine, progresso, e fine del Collegio della Compagnia di Gesù in Taormina, niuno meglio ne scrisse che il celebre ed eloquentissimo scrittore P. Emmanuele Aguilera (2). Imperocchè egli racconta come e quando con varia fortuna, più e più volte fosse iniziato, poscia interrotto, e quindi estinto il medesimo Collegio. La origine di esso vien da lui attribuita alla cura ed alle fatiche del P. Cesare Boseo, oriundo di nobilissimo casato Taorminese, Preposito Provinciale di tutta la Provincia. Questa famiglia venne in Taormina nell'anno 1650, fu inaugurato il tempio ed aperte

(1) In Homil. Theoph. Ceram. 1.
(2) Histor. Provinc. Sicil. Societ. Jesu Cap. 8 § 16 pag. 409.

le scuole per la istruzione della gioventù. Sino all'anno 1658 vi risedettero i Padri, i quali, dopo gettate le fondamenta nel centro della città d'un magnifico Collegio, poscia per la tenuità delle rendite si ritirarono. Vi lasciarono il solo P. Carlo Russo nobile Taorminese per l'amministrazione de' beni, al quale poi successe P. Francesco Marta, e quindi il P. Giovanni Elia, e dopo lui due nobili Taorminesi Cesare Caribde e Giovan Francesco Cuscona; e ciò nello scopo, che cumulandosi le rendite, venissero ad accrescersi in modo, che fossero sufficienti onde farvi ritornare la religiosa famiglia: ma i cittadini deponendo il pensiero di riammettere la Compagnia, cominciarono a fare pratiche presso la Sede Romana affinchè quelle rendite fossero assegnate al Collegio de' Canonici di Taormina. Non appena ciò seppero i Superiori della Compagnia, giudicando che il Sommo Pontefice sarebbe per acconsentire alla domanda de' cittadini, rinunziarono a tutti i beni ed a tutte le rendite lasciate o cumulate pel Collegio di quella città (1). Per questa rinunzia ebbe facile riuscita l'applicazione predetta de' beni, che a nome di tutto il popolo sollecitava il Canonico Giuseppe Bottari di Taormina; e così le suddette rendite furono nell'anno 1669 (2) assegnate alla Chiesa di essa città,

---

(1) Act. Notar. Mariani Scofenò Panormi die 31 Aug. 1669.
(2) Ex Archiv. Cur. Archiep. Mess. die 3 Oct. 1669.

destinandosi parte a celebrazione di Messe, parte alla istruzione della gioventù, parte alle suppellettili della stessa Chiesa, parte a mantenere il culto delle Reliquie esistenti nella Chiesa medesima, parte alla fabbrica del Venerabile Monastero di donne della medesima città sotto il titolo di S. Maria di Valverde, e parte finalmente ad accrescere le prebende e le distribuzioni quotidiane de' medesimi Canonici.

· XX. Il Monastero di donne di S. Maria di Valverde, oggi dell'Ordine de' Carmelitani, fu eretto l'anno 1275 (1). Era in quel luogo della città che chiamano sobborgo, l'antica Chiesa Parrocchiale di S. Maria detta di *Goffredo*, la quale da una nobile donna di nome Nicolia moglie del fu illustre Errico Paternò, perchè già edificata e riccamente dotata da' suoi maggiori con l'annuenza di Rinaldo Arcivescovo di Messina, ampliandosene il fabbricato fu convertita in Monastero di Suore Penitenziali Canonisse della Congregazione di Valverde, ed assoggettata al Monastero di Messina fondato secondo la stessa regola sul principio del medesimo secolo. La superiora di questo Monastero presedeva a tutte le case della stessa Congregazione esistenti in Sicilia, nella Calabria e nella Puglia,

(1) Sylvester Maurolycus in Ocean. Relig. lib. 1 Gabriel Pannorus Histor. Canon. Regul. c. 29 Placidus Samperi Messan. Illustrat. t. 2 l. 6 n. 71 et in sua Iconolog. B. M. V. lib. 3 cap. 24.

ed esercitando l'officio, come la dicevano, di
Provincialessa, visitava i medesimi monasteri,
che erano esenti da qualunque altra giurisdizione, ed ogni cosa in essi disponeva che sembrasse necessaria ed opportuna all'osservanza esatta
della monastica disciplina. Vestivano un tempo
le suore una tunica di lana bianca con un rocchetto di bianco lino; oggi però soltanto nel-
l'atto della solenne professione assumono la
veste bianca, e poi deponendola, prendono un
abito di color nero, e di esso usano per tutta
la vita; e così ancora tralasciata l'antica forma
di governo, vivono sotto l'ordinaria giurisdizione dell'Arcivescovo di Messina.

XXI. Ma poichè abbiam detto, che la spirituale giurisdizione dell'Arcipretura di Taormina si estende ancora sulle terre adiacenti,
stimiamo pregio dell'opera il parlare anche di
esse un po' più diffusamente. Ed in prima tratteremo di Mola che è fra tutte la più vicina a
Taormina, poscia di Gallidoro, di Gaggi, di
Mongiuffi e di Melia, e per ultimo di Graniti.

XXII. Mola è castello, ossia una delle due
fortezze di Taormina. Il suo nome è recente
ma l'origine è antica, poichè di esso fa menzione Diodoro Sicolo (1) descrivendo la guerra
che in Taormina, e per cagion di Taormina si
combattè fra i Siciliani abitanti di questi luo-

(1) Bibliot. histor. lib. 14 cap. 88.

ghi e Dionisio Re di Siracusa. In questo luogo di difficile salita e difficilissimo ad essere espugnato, Costantino Patrizio costruì nel IX secolo un castello, sicchè poscia divenne questo punto non meno per arte che per natura fortissimo (1). E tal castello, regnando Pietro II di questo nome, insieme col padre Federigo III, cioè l'anno 1334, cinto a spese degli abitanti di mura, fu reso sempre più sicuro ed affatto inaccessibile a qualunque assalto nemico (2). Sino all'anno 1637 dipendeva anche nelle cose civili da Taormina; però in detto anno sotto il giorno 17 Novembre (3), per le strettezze del Regio Erario, fu divelto dalla temporale giurisdizione di Taormina e venduto col titolo di Marchesato.

XXIII. Gallidoro era prima un sobborgo di Taormina ed era sottoposto alla giurisdizione di essa, finchè gli abitanti, offerte alla Regia Corte 450 once siciliane, cioè 2250 fiorini, impetrarono nell'anno 1628, che la loro patria fosse disgregata da Taormina, ed eretta in comune, e governandosi co' proprii magistrati fosse sottoposta alla immediata potestà e giurisdizione del Re (4). Per poco tempo godettero i terrazzani di questa libertà, cioè sino all'anno

(1) Supra Cap. XX N. 10.
(2) Ex Reg. Cancell. lib. ann. XV Ind. 1421 pag. 129.
(3) Acta Notarii Joseph Zamparrone Panormi.
(4) Ex Rog. Cancell. lib. ann. XI Ind. 1628 pag. 314.

1633, quando per le necessità del Regio Erario fu alienata dal regio patrimonio, e venduta col titolo di Marchesato per la somma di 45,600 fiorini (1).

XXIV. Scaggi, ossia Gaggi, Mongiuffi e Melia, sobborghi un tempo di Taormina, poco dopo la dismembrazione di Gallidoro, furono separati anch'essi dal territorio taorminese; cioè l'anno 1639, ottenendoli dalla Regia Corte Giuseppe Barrile pel prezzo di 24,000 fiorini (2). La terra di Gaggi che è la più antica di tutte. e che vien descritta nella dotazione del Regio Monastero de' SS. Pietro e Paolo *de Agrillo* fatta nel 1117 dal Conte Ruggiero II (3), fu venduta col titolo di Barone dal medesimo Barrile per 4000 fiorini all'illustre Presidente Alfonso Agras, riservando per sè e pe' suoi successori Mongiuffi e Melia col titolo più nobile di Marchesato (4).

XXV. Che la terra di. Graniti, sita ad occidente di Taormina e distante da questa città sei miglia, esistesse all'epoca de' Normanni non è a dubitare, stante il Diploma di dotazione del Regio Monastero de' SS. Apostoli Pietro e Paolo detto *de Agrillo* ossia del Campo, fatta

---

(1) Ex officio Prothonot. Regni lib. ann. 1633.
(2) Ex offic. Prothonot. die 26 Jan. 7 Ind. 1639.
(3) Apud Pirr. Not. Abbat. SS. Petri et Pauli *de Agrillo*.
(4) Act. Not. Antonini Mari Messan. die 9 Junii 1650.

l'anno 1117 (1). Sul principio del secolo XIV
possedeva il feudo di questa terra, diviso già
non solo dalla temporale giurisdizione di Taormina, ma ancora della terra stessa, il nobil
uomo Francesco Maria Mangiavacchi. Morto il
quale, il di lui figlio ed erede Nicolò Maria,
poichè non aveva figli, regnando Federico III,
l'anno 1370, lo cesse con irrevocabile donazione ad Enrico Rubeo Conte d'Aidone. E questi a sua volta le cesse a Nicolò Castagna Messinese, ratificando la donazione il Re Martino
allora imperante (2). La terra poi pei bisogni dello Stato a cagion della guerra imminente, fu col titolo di Marchesato venduta, nell'i-
stesso anno in cui lo fu Mongiuffi, al prezzo
di 24,000 fiorini, e restò insieme col predetto
feudo separata dalla temporale giurisdizione di
Taormina (3). Ed oggi l'una e l'altro nuovamente uniti appartengono a Pietro Del Castil-
lo, uomo illustre per ispecchiata nobiltà e somma erudizione.

XXVI. Tutte le terre sopra descritte, in quanto
alla spirituale giurisdizione, sono soggette immediatamente alla Chiesa di Taormina, allo
stesso modo che quando erano sobborghi di

(1) Apud Pirri Nat. Abbat. SS. Petri et Paul. *de Agrillo.*
(2) Ex off. Prothon. lib. ann. XI et XII Ind. 1402 1403 et
1404 pag. 40.
(3) Act. Notar. Joseph Zamparrone Panormi die 14
Oct. 1639.

essa città: imperocchè la loro dismembrazione
non diminuì la spirituale ma soltanto la temporale giurisdizione, siccome espressamente e
distintamente dichiarò la Santa Sede Romana.
La quale l'anno 1646, cioè dopo la loro dismembrazione dal territorio di Taormina, ri-
conobbe su di esse terre l'antica giurisdizione
dell'Arcipretura di quella città, e volle che da
tutti fosse conservata integra ed illesa così nei
dritti come nelle rendite; e ciò in virtù di Lettere Apostoliche, spedite in Roma il giorno 21
Aprile dell'anno 1646, del Pontificato d'Innocenzo X anno secondo, ed esecutoriate nel regio Senato del nostro Regno il giorno 1 di
Giugno del medesimo anno.

XXVII. A maggior conferma di questa verità
possono aggiungersi le altre Lettere Apostoliche date in Roma il giorno 20 di Luglio del-
l'anno medesimo, ed esecutoriate in regno il
giorno 22 Agosto dell'anno predetto, per le
quali fu dichiarato, che la spirituale giurisdizione spettante all'Arciprete di Taormina sulle
chiese della medesima città, e delle predette
terre di Mola, Graniti, Gallidoro, Gaggi, Mongiuffi e Melia, non solo dovesse consistere nel-
l'amministrazione de' Sagramenti, nella predicazione della divina parola, nella cura delle a-
nime e nel foro penitenziale, come se l'istesso
Arciprete fosse puro e semplice Parroco, ma
ancora nell'esercizio di giurisdizione con fa-

coltà eziandio d'infliggere censure, siccome lo esercitano tutti gli Arcipreti Pievani e costituiti in dignità, e come si sa averla esercitata tutti i precedenti Arcipreti di Taormina, Rettori di quella Chiesa, che era una volta decorata del titolo e della preminenza di Cattedrale.

XXVIII. Fra queste terre, quella di Gallidoro, come con prospero successo erasi divelta dalla temporale giurisdizione di Taormina, così con felice evento tentò presso la Santa Sede di sottrarsi dalla potestà spirituale della medesima città. E questo ottenne, sebbene non assolutamente, ma con la riserva de' dritti di filiazione all'Arciprete di Taormina; e ciò in virtù di un Decreto della S. Congregazione del Concilio dato in Roma sotto Innocenzo Papa X l'anno 1649. I quali dritti di filiazione consistono nella facoltà della visita, nella precedenza nelle processioni, e nella prestazione di un annuo censo di quindici fiorini; così vien dichiarato negli atti di transazione e d'accordo tra il medesimo Arciprete di Taormina ed il Parroco di Gallidoro (1), come ancora nelle sentenze della Gran Corte Arcivescovile di Messina, e del Tribunale dell'Apostolica Legazia e Regia Monarchia, pronunziate nell'anno 1717.

XXIX. Negli antichi tempi il territorio di Taormina conteneva ancora il feudo di Fiume-

(1) Act. Curiæ Archiep. Messan. die 25 Sept. 6 Ind. 1652.

freddo che si estende sino al cratere dell'Etna, con la terra di Calatabiano, che trovasi al di quà di esso feudo; siccome addimostrasi dall'atto della concessione della Chiesa di S. Giovanni al Monastero di S. Agata di Catania, fatta nell'anno 1106 da Roberto Arcivescovo di Messina (1), dove è detto che concedesi *la su-detta Chiesa di S. Giovanni di Fiumefreddo con tutti i dritti sita nel territorio della città di Taormina.* Però non dopo molto tempo il detto Feudo di Fiumefreddo con le sue Chiese e con le sue due terre fu divelto dal territo- rio di Taormina, e dato da Ruggiero Re di Si- cilia a Luca Abbate del Regio Monastero del SS. Salvatore di Messina. Non si sa però in qual anno sia ciò avvenuto, imperocchè l'anno 6345 del mondo, che porta l'interprete del Co- dice Greco, non può in alcun modo conciliarsi coll'epoca di Ruggiero, se non vogliamo dire che nel Codice più e più volte trascritto, siasi per negligenza d'imperito copista indotto per errore l'anno 6345, invece dell'anno 6645, il quale corrispondendo, giusta il computo Greco- Siculo, all'anno 1137 dell'Era Volgare, sarebbe veramente il tempo in cui Ruggiero Re domi- nava in Sicilia. Checchè ne sia intanto dell'anno di detta dotazione, è certo ch'essa avvenne pri- ma della metà del secolo XII, imperocchè il

(1) Apud Pirr. Not. Eccl. Messan. 1106.

medesimo Ruggiero in un Diploma dell'anno
1145 (1) enumerando i luoghi soggetti all'i-
stesso Monastero del SS. Salvatore di Messina,
vi annovera le Chiese di S. Giovanni e di S.
Maria di Fiumefreddo. Sino all'anno 1354 restò questo Feudo in possessione del predetto
Real Monastero del Salvatore; passò poscia nel
dominio del nobil uomo Pietro Parisi, mediante
una permuta (2) co' beni del medesimo Parisi
esistenti tra il Fiume del Campo e l'altro di
Mandanice; essendo tal permutazione confermata
dal Re Lodovico, e consentita dall'Arcivescovo
di Messina Pietro Porta, il quale annuì che fossero commutati i suoi dritti Episcopali, e dichiarò il già esente feudo di Fiumefreddo sog-
getto alla sua giurisdizione, ed esente la possessione de' fiumi del Campo e di Mandanice che
prima erano a lui soggetti.

XXX. La terra di Calatabiano, compresa una
volta nel territorio di Taormina, è antichissima, e sembra essere quella stessa che il Com-
pendiatore di Stefano chiama *Castello di Bidio*,
diverso dall'altro del medesimo nome che era
sito nella Diocesi di Siracusa. Così esso dice:
*Vi è nel territorio di Taormina un altro
Castello di nome Bidio di Calatabiano*; il
qual nome alcuni dicono essere Saracenico ,

(1) Apud Pirri Not. Archimand. Mess. ann. 1145.
(2) Cit. Act. Notar. Pitrono die 19 Novemb. 1641.

altri Greco. Quelli che sieguono la prima etimologia lo spiegano per *Colle scosceso di Biano*, chi siegue la seconda, lo interpreta i *Beni
di Biano*. Checchè sia però della sua origine
e del suo nome, è certo assolutamente che di
questa terra si fa menzione spesso negli antichi documenti. Di essa infatti parlano una
Bolla di Eugenio Papa III diretta l'anno 1151
all'Arcivescovo di Messina (1), un atto di donazione fatta l'anno 1193 da Margarita di Brin-
disi al Monastero di S. Salvatore di Messina (2);
un Diploma di Federico Re di Sicilia spedito
l'anno 1204 alla Chiesa di Messina (3); il Privilegio di Costanza Regina di Sicilia concesso
l'anno 1213 al Monastero di S. Agata (4); e
per non diffonderci in citare altri documenti
le Lettere di Gregorio Cardinale, Legato del-
l'Apostolica Sede in Sicilia, firmate nel predetto anno in favore del medesimo Monastero
di Catania (5).

(1) Pirr. Not. Eccles. Messan. ad ann. 1151.
(2) Apud eumd. Not. Archimand. Messan. ad ann. 1193.
(3) Pirr. Not. Eccles. Messan. ad ann. 1204.
(4) Apud eumd. Eccl. Catan. ad ann. 1213.
(5) Idem Not. Eccl. Catan. ad ann. 1213.

APPENDICE DEL TRADUTTORE

—

Stato della Chiesa di Taormina dal 1750 al 1870.

L'illustre autore della presente istoria compiva il suo lavoro nell'anno 1750, com'è chiaro dal Capo XXVI ed ultimo al N. II, ed offriva allo sguardo de' lettori in una alla storia dei tempi andati, un quadro della Chiesa di Taormina qual era al suo tempo.

Or dopo 120 anni che questo importantissimo lavoro è rimasto inedito, e vede oggi nel 1870, sebben tradotto in volgare, per la prima volta la luce, ci sembra opportuno l'aggiungere, come appendice, lo stato delle variazioni che da quell'epoca sino a' nostri giorni si sono in quella Chiesa succedute.

Queste variazioni riguardano l'Arcipretura, così circa i soggetti che l'hanno occupato, come intorno al modo della elezione; e la Collegiata, e le case religiose, sulle quali una grande e sostanziale novità è avvenuta per la soppressione civile decretata dal Parlamento Italiano nel luglio del 1866 e nell'agosto del 1867. Di siffatte variazioni stimo opportuno far cenno,

16

aggiungendo qualche cosa sulle varie chiese
che tuttora sono aperte al culto, e sulle Congregazioni di spirito che in Taormina fiorisco-
no; avvertendo, che tutto ciò che non è toccato in quest'appendice, rimane anche oggidì
in quello stato medesimo in cui era nel 1750.

I.

L' Arcipretura.

. Per ciò che riguarda la serie e la elezione
degli Arcipreti diciamo, che ad Onofrio Finocchio, contemporaneo del Di Giovanni, e col
quale egli chiudeva la sua storia, successe nel
1763 il Canonico Pancrazio Zoi, eletto anche
egli come il precedente dalla Santa Sede, e
per Bolla d'istituzione del Sommo Pontefice Clemente XIII. Fu il Zoi sacerdote di grande pro-
bità, onestà, e ritiratezza; fu grande esemplare
di virtù sacerdotali, ed acerrimo propugnatore
de' dritti della Chiesa e del Capitolo. Ottenne
che egli ed i suoi successori usassero il po-
stergale ed il faldistorio anche nelle chiese
filiali; riformò l'archivio della chiesa principale,
e mise in assetto le scritture di tutte le chiese
di Taormina; sostenne forti contrasti col ca-
sale di Gallidoro per dritti spettanti all'Arcipretura ed al Collegio Capitolare, si recò per

far valere le sue ragioni in Palermo, e di tutto restò vittorioso. Predicatore pieno di dottrina e di unzione, chiamava al ravvedimento i cuori più ostinati ; parroco zelante ed amministratore probo ed avveduto, godeva così la fiducia del suo Prelato, che a lui affidava le più difficili incumbenze della Diocesi. Morì compianto da tutti il 2 Dicembre del 1797.

Al Zoi successe Cosimo Calabrò, e non già per elezione pontificia come i precedenti, ma sibbene per elezione dell'Arcivescovo di Messina. Imperocchè la Real Corte di Napoli, che avea già sempre a malincuore sofferto che le Regole della Cancelleria avessero vigore in Sicilia, e che i beneficii di libera collazione dei Vescovi si dovessero conferire dalla Sede Apostolica, avea nel 1777 emanato un decreto, col quale espressamente proibiva d'impartirsi il *Regio Placito* a tutte le provvisioni della Dateria Apostolica, per le quali in virtù delle Regole anzidette venissero conferiti i beneficii di vescovile collazione (1). Vacata dunque nel 1797 l'Arcipretura di Taormina, sì per l'accennato decreto, giacchè i regii decreti si aveano in quel tempo, non si sa con quanto buon fondamento, come basi del Dritto Canonico Sicolo, come ancora per le grandi turbo-

(1) Dichiara Adnot. ad Rem Canon. ex Sic. Jure depromptae. N. XLIV. Ad Ut. De Res. Benef.

lenze che in quell'anno stesso si svolsero in Roma, e che produssero la prigionia del Sommo Pontefice Pio VI (1), ripigliò l'Arcivescovo di Messina il dritto di collazione sull'Arcipretura di Taormina, e così avvenne .che da questo Arcivescovo ne fu investito il Calabrò.

Fu ancora il Calabrò un pastore che seppe con zelo e dottrina sostenere la cura delle anime, difendere e mantenere la integrità dei dritti parrocchiali e capitolari, ed amantissimo della sua chiesa, fornirla a dovizia di sacri arredi. Morì il giorno 11 Maggio dell'anno 1812.

Continuando però, anzi infierendo sempre più quelle tristi vicende nelle quali fu travolto il Supremo Pontificato sul finire del secolo passato, e nel principio del presente, e forse ancora per effetto del Regio Decreto del 1777, vacata nuovamente nel 1812, per la morte del Calabrò, l'Arcipretura di Taormina, fu di nuovo conferita dall'Arcivescovo di Messina in persona di Rosario Castorina. E poichè, cessate già le turbolenze politiche, nel Concordato del 1818, conchiuso tra il Re Ferdinando I° ed il Sommo Pontefice Pio VII, si riconobbero bensì le riserve in riguardo a' Canonicati di libera collazione con l'alternativa de' mesi, ma si rilasciarono alla collazione de' Vescovi le Chiese Parrocchiali, così l'elezione dell'Arcipretura di

(2) Henrion St. Univ. della Chiesa. Anno 1797.

Taormina venne definitivamente devoluta al-
l'Arcivescovo di Messina; e questi di proprio
dritto, alla vacanza di essa per la morte del
Castorina, avvenuta il 20 Gennaro 1839, elesse
Giuseppe Ricca, che assai lodevolmente governò da Arciprete la sua chiesa sino al 1866.

Morto il Ricca nel 26 Ottobre di quell'anno,
fu nominato Economo Sagramentale il Can. Arcidiacono Pancrazio Famà, che era stato con-
corrente col Ricca nell' Arcipretura, e nella
parità di merito eletto quest' ultimo per ragione dell'età. Dal 1866 ad oggi, Dicembre 1870,
non si è fatta elezione definitiva d' Arciprete,
ed il Can. Arcidiacono Pancrazio Famà siegue
tuttora ad amministrare con somma lode quella
Chiesa in qualità di Economo.

II.

La Collegiata.

Dopo le vicende politiche in cui fu travolta
la Sicilia nel 1860, estesa dal Governo Italiano
a quest'Isola la istituzione del Regio Economato, che da parecchi anni avea avuto vigore in
Piemonte, i canonicati vacanti non vennero più
provvisti, ricadendo la prebenda di ciascun canonico defunto nelle mani dell'Economato Generale. Promulgata poscia la legge della ridu-

zione de' Capitoli delle Cattedrali, e la soppressione delle Collegiate pel decreto del Parlamento del 15 Agosto 1867, la Collegiata di Taormina durò nel possesso di tutti i suoi beni fino al Settembre del 1868, quando ne venne spogliata per la presa di possesso fatta dagli Agenti del Demanio.

Dalla data della sudetta legge dell'Economato fino a quella di soppressione erano morti tre Canonici, ed un quarto morì posteriormente; sicchè dal numero di dodici, qual era quello del Capitolo Collegiale di Taormina, ne son rimasti otto soltanto, i quali al presente, giusta la legge medesima, che accorda agli attuali investiti le prebende con l'obbligo di servire alle Chiese, di unita a' Vivandieri o Canonici Secondarii, vi esercitano i divini uffici.

I Canonici superstiti sono: 1. Arcidiacono Pancrazio Famà, decorato dall'Arcivescovo di Palermo della carica di Pro-Commissario suddelegato della Santissima Crociata, in atto Economo Spirituale di Taormina, essendo la Chiesa, come si è detto, da quattro anni vacante del suo Arciprete; 2. Can. Carmelo Rizzo Cantore; 3. Can. Gaetano Rao Tesoriere. Questi tre costituiscono le prime Dignità Capitolari, ma di solo titolo, non avendo alcuna preminenza sugli altri, nè prebenda maggiore; 4. Can. Rosario Nigrì; 5. Can. Giuseppe Gullotta; 6. Can. Pancrazio Castorina; 7. Can. Antonino Famà; 8. Finalmente Can. Michele Crupi.

Gli attuali Vivandieri o Canonici secondarii sono : 1. Sac. Pancrazio Pizzo; 2. Sac. Paolo Siragò; 3. Sac. Rosario Pagano; 4. Sac. Domenico Russo; 5. Sac. Carmelo Famà, interino.

I Canonici attuali vestono per abito talare la zimarra con mantelletto e sopramaniche con bottoni spessi e con in punta un' ala lunga ; tal vestiario è solo distintivo de' Canonici, a differenza dell' altro clero, che veste la sottana comune, qual si usa generalmente da' Sacerdoti in Sicilia. In chiesa per le grandi solennità vestono la pianeta con rocchetto ed amitto, e ciò anche nella grande processione del *Corpus Domini*. Nelle minori solennità vestono or l'ermellino con cappa, ed or la mozzetta, secondo la varietà de' tempi o nera o violacea orlata in rosso. I Vivandieri sono insigniti di almuzio di colore violaceo, o nero.

III.

Le Case Religiose.

Sino al 1866 sussistevano ancora in Taormina i Conventi di S. Maria di Gesù, di S. Domenico, di S. Agostino, de' Cappuccini, e di S. Francesco di Paola, non che il Monastero di Santa Maria di Valverde, di cui fa cenno nella sua storia il Di Giovanni. La legge di soppressione emanata dal Parlamento Italiano nel Luglio di quell'anno colpì queste sacre istituzioni, e nell'Ottobre dell'anno medesimo furono tutte quante, con dolore di tutti, espulse da' loro chiostri le religiose famiglie.

Il Monastero di Santa Maria di Valverde fu tosto convertito in caserma de' Carabinieri, che tuttora vi dimorano. Il Convento e la Chiesa di Santa Maria di Gesù furono venduti dall'Intendente di Finanza, or son quattro mesi, il 28 Agosto dello spirante anno 1870, per la vilissima cifra di L. 2500; del che nuovo dolore han provato i buoni Taorminesi per essere quel Convento di fondazione il più antico, e pieno di grandi ed importanti memorie religiose. Gli altri quattro Conventi esistono ancora, ma vuoti de' loro nativi abitatori, e vanno sempre deteriorando per difetto di manutenzione. Nelle Chiese de' Conventi non alienati, non è mancato, nè manca tuttora il culto per la diligente operosità de' frati di ciascun ordine rispettivo, coadiuvati dalla pietà e dal zelo de' cattolici Taorminesi.

Restava solo abbandonata la Chiesa del Monastero, e già il Demanio metteva mano ad appropriarsi gli argenti, i vasi sacri, le suppellettili di non poco pregio e valore, e quindi chiuderla per sempre al culto. Fu allora che l'egregio Can. Antonino Famà dopo aver superato potenti difficoltà per parte degli Agenti locali del Demanio, e di que' di Messina da cui dipendeva la risoluzione, tanto si adoperò che ottenne finalmente la consegna di tutto, con l'obbligo di mantenere e conservare il culto, il che sin' ora ha fatto, e fa tuttavia con grande consolazione de' fedeli, che vi accorrono numerosi, per esser quello un tempio elegante, centrale, e sacro alla Vergine Santissima del Carmelo, di cui vi si onora con gran fede la devotissima immagine.

È da notare che ne' Conventi di S. Domenico e de' Padri Cappuccini esistevano due grandi biblioteche, ricche per numero di volumi e per opere pregevolissime in tutti i rami dello scibile, ed il Municipio di Taormina ad evitarne la dispersione, fece istanza al Governo che fossero ad esso cedute; il che fu fatto, sicchè son dichiarate al presente biblioteche comunali, ed esistono ancora ne' luoghi stessi ne' quali erano in antico. Al Municipio medesimo, dietro sua istanza, furono cedute tutte le opere d'arte esistenti nelle chiese e nelle case degli enti morali soppressi, e così ancora le pitture, le statue, l'organo, e tutt'altro che di pregevole esisteva nella venduta chiesa di Santa Maria di Gesù, la quale è di dritto di patronato della nobilissima famiglia De Spuches, di cui vi sono ancora dipinte le armi gentilizie, e vi riposano le ceneri di molti illustri antenati de' Duchi di Caccamo e Principi di Galati (1).

IV.

Chiese e Congregazioni di spirito.

A completare il quadro dello stato attuale della Chiesa di Taormina mi sembra opportuno far cenno de' varii tempii che vi sono aperti al culto, e delle Congregazioni di spirito in essa esistenti. Dal numero de' tempii dedicati all'onore di Dio, ed aperti all'esercizio degli atti di cristiana pietà, è dato argomentare qual sia la religiosità e la devozione d'un popolo. Certamente Taormina non è oggi quella grande e popolosa città che fu una volta, e il Di Giovanni nel corso di questa storia accennò le tristi vicende che furono la funesta cagione della sua decadenza. Epperò nello stato in cui è al presente ridotta, ha tal numero di chiese, che

(1) Un illustre antenato dell'egregio D. Giuseppe De Spuches attuale Principe di Galati e Duca di Caccamo, di nome Guglielmo De Spuches, che era regio milite e governatore della Mola, insieme al suo figlio Giacomo, fece costruire verso il 1443 la magnifica cappella gotica esistente a sinistra dell'or venduta chiesa; epperò in segno di patronato fu dipinto nel Cappellone di essa Chiesa il blasone di quella nobile famiglia. *Dall'Archivio dell'illustre Sig. Principe di Galati.*

ben dimostra qual sia la fede e la religiosità di quel popolo.

Oltre la Chiesa madre o Collegiata, oltre quelle de' Conventi e del Monastero già soppressi, conta Taormina ben sedici chiese, dieci dentro le mura della città, e sei fuori di esse. Le chiese che sorgono dentro il recinto della città murata portano i titoli : 1 di S. Antonio Abbate, 2 del Carmine, 3 di S. Michele Arcangelo, 4 della Visitazione di M. V. detta volgarmente del Varò, 5 di S. Giuseppe, 6 di Maria SS. del Piliere, 7 di S. Caterina Alessandrina, 8 di S. Pancrazio patrono della città, 9 di Santa Domenica Vergine e Martire, 10 di S. Antonio di Padova.

Le chiese fuori le mura della città sono : 1 Chiesa di S. Pietro, 2 di Maria SS. della Rocca, 3 dell'Annunziata, 4 di S. Andrea Apostolo, 5 di Santa Venera, 6 di S. Pantaleone.

Diciamo ora delle Congregazioni di spirito. Egli è certo che da tali associazioni si ha la conservazione della fede e della morale, il quotidiano esercizio delle opere di cristiana pietà, e l'incremento della devozione e del fervore. Ed i buoni Taorminesi, per nulla degeneri da quegli antichi, che sì alta rinomanza acquistarono alla loro patria ne' fasti della chiesa, tenacissimi in quella fede che appresero dall'istesso Principe degli Apostoli, e dal primo suo inviato S. Pancrazio, non han mancato di fondare di tali associazioni, che a tanto bene ridondano per la cóltura delle anime.

Esistono dúnque in Taormina cinque Congregazioni di spirito o Confraternite.

La prima è sotto il titolo e la protezione di S. Pancrazio, primo vescovo e fondatore della Chiesa di Taormina; e come tale va distinta dalle altre pel privilegio che hanno i confrati di vestire la mozzetta alla stessa guisa che i Canonici della Collegiata. È questa Confraternita aggregata all'Arciconfraternità del Santissimo Sagramento di Roma, ed a quella de' PP. della Dottrina Cristiana di Palermo.

La seconda va sotto il titolo e la protezione di S. Pietro Principe degli Apostoli.

La terza è dedicata a Maria Santissima del Carmelo, ma va distinta col titolo dell'Immacolata.

La quarta è eretta in onore del Patriarca S. Giuseppe, ma si distingue col titolo di S. Rocco.

La quinta finalmente è destinata ad onorare con culto speciale il Santissimo Sagramento.

Lo scopo di tutte queste pie associazioni è di promuovere fra gli aggregati la divozione, e la cristiana pietà; e quindi obbligo dei Confrati è di riunirsi ne' rispettivi oratorii in tutte le Domeniche e Feste dell'anno, onde esercitarsi nella preghiera comune, e praticare quegli atti di pietà che sono prescritti da' rispettivi capitoli, sotto la guida di un Cappellano, che scelto a vita da' confrati, ne è il direttore spirituale. Hanno i confrati il dritto alla sepoltura nella propria chiesa ed ai suffragi comuni, e sono retti da un governatore che si elegge nel primo giorno di Gennaro in ogni anno.

V.

Conchiusione.

Da tutto quanto si è detto sullo stato presente della Chiesa di Taormina, e del fatto stesso della pubblicazione di quest'opera, ne risulta la consolante conseguenza, che i fedeli di questa illustre città, in onta alle gravi scosse che per isvariate vicende e per l'opera de' tristi, ha subìto, specialmente in questi ultimi tempi la Chiesa, si sono conservati, e si conservano tuttavia, così come il resto della Sicilia, fermi e tenaci in quella verace dottrina cattolica, che invariabilmente pel corso di ben diciannove secoli han professato, e che dal magistero stesso de' Santi Apostoli fu ad essi insegnata.

Non v'ha niuno che ignori quanto sforzo di empietà han fatto in questo decennio di rivolture gli eretici, i libertini, ed i settarii d'ogni risma, onde svellere da' petti degl'Italiani la cattolica fede; ognun sa che non è stata dimenticata in quest'opera nefanda la nostra Sicilia; ma si sa parimente che così come il resto dell'Italia, la Sicilia nostra si è non solo conservata nella fede, ma pigliando dalle persecuzioni medesime maggior lena e vigore, si è levata a quell'ardenza di fervore e di opere generose che son degne de' primi tempi della Chiesa. Taormina non è stata fra le ultime città della Sicilia a mostrarsi piena di verace attaccamento alla fede de' nostri padri. Per essa furono affatto spuntate le armi de' libertini, degli eretici, de' settarli; e ne diede una solennissima prova nel marzo del 1867 in occasione che il nuovo Arcivescovo di Messina Mons. D. Luigi Natoli recavasi per la prima volta in essa per la sacra visita. Fu veramente trionfale lo ingresso dell'ottimo Prelato nella città di Taormina, fu una ovazione generale, fu una vera dimostrazione cattolica per parte de' Taorminesi. Un popolo immenso lo accolse alle porte, e confondevansi con esso le autorità, i nobili, ed il clero; fra mille evviva alla Chiesa Cattolica, all'immortale Pio IX, e al degnissimo Prelato, incedeva egli per una via seminata di fiori e tra il suono delle bande musicali; allorchè, non sapendo più il popolo contenere la piena dell'entusiasmo corse spontaneo a staccare i cavalli dalla carrozza che conduceva il Prelato, e la

trasse esso stesso a braccia d'uomini sino al-
l'abitazione che gli era destinata . Tre giorni
dimorò l'Arcivescovo in Taormina , e per tre
giorni durarono le feste, le ovazioni, i trionfi.

Or se nel 1867, quando da' nemici della
Chiesa si menavano contr'essa i colpi più morta-
li, quando per le leggi di soppressione, di nuova
amarezza si colmava il cuore già abbastanza a-
mareggiato del Capo Supremo della Chiesa e
di tutto intero l'Episcopato, se in tal tempo la
città di Taormina dava sì belle prove di fede
cattolica e di amore al Prelato della Chiesa ,
non è da dire che vivo tuttavia è in essa quel
sentimento religioso che per tanti secoli e per
tante vicende non è venuto meno giammai ?
Possa Dio per l'intercessione del suo protettore S. Pancrazio confermarla ed avvalorarla
sempre più nella medesima fede !

FINE

BOLLA

del Pontefice Benedetto XIV per la quale si dà all'Arcivescovo Domenico Rosso, ed agli Arcivescovi PRO TEMPORE il privilegio di conferire i gradi accademici e la laurea dottorale in Sacra Teologia agli studenti nel Seminario Arcivescovile di Palermo, per le istanze e dietro le riforme introdotte in esso Seminario dal Rettore Canonico Giovanni Di Giovanni da Taormina. (1)

BENEDICTUS PP. XIV.

AD FUTURAM REI MEMORIAM

In supereminenti Apostolicae Sedis specula, meritis licet imparibus, disponente Domino constituti, et intra mentis nostrae arcana revolventes quantum ex literarum studiis Catholica Fides augeatur, Divini Numinis cultus protendatur, veritas agnoscatur, ac justitia colatur, ad ea propter quae literarum studia hujusmodi u-

(1) Abbiamo trascritto questa Bolla dall'esemplare che si conserva nella Biblioteca Comunale fra i manoscritti del Di Giovanni nel Vol. intitolato *Codex Diplomaticus* e segnato Q q H 52 A.

bilibet excitentur libenter intendimus, et in iis
sollicitudinis nostrae partes propensius imper-
timur, prout pia Christi fidelium, praesertim
Archiepiscopali dignitate fulgentium vota po-
scunt, Nosque, locorum qualitate pensata, in Domino conspicimus salubriter expedire. Cum i-
taque sicut Venerabilis Frater Dominicus Archiepiscopus Panormitanus Nobis. nuper exponi fecit, alumnos, convictoresque Seminarii Ecclesiastici Civitatis Panormitanae, qui transactis temporibus Philosophiae et Theologiae Scholasticae studiis operam navandi causa ad publicas dilectorum
filiorum Clericorum Regularium Societatis Jesu
scholas accedere, absolutisque hujusmodi studiis ab eisdem Clericis Regularibus lauream
doctoralem consequi, consueverunt, pro certo
habens majori cum facilitate, minorique incom-
modo, ac mentis evagatione facultates hujusmodi in eodem Seminario addiscere potuisse,
magnis sumptibus, quos pro majori dicti Seminarii directione, et Magistrorum, seu Lecto-
rum manutentione ad commodum utilitatemque
et progressum dictorum alumnorum, et convictorum facere coactus fuit, contemptis, Philosophiae et Theologiae hujusmodi studia in
eodem Seminario admittere curavit, et ad hunc
effectum excellentiores Lectores saeculares,
et Magistros ut inibi alumnos, convictoresque
hujusmodi docerent, elegerit, per electionem
vero seu deputationem Magistrorum hujusmodi

in eodem Seminario factam ipse Dominicus Archiepiscopus alumnos et convictores praedictos
a consecutione Laureae Doctoralis ut antea, licet ignoretur, an Clerici Regulares praedicti
Lauream hujusmodi, vel ex privilegio eis concesso, vel ex consuetudine conferant, privave-
rit; ita ut illi pro suscipiendo gradu hujusmodi, seu ut se ad gradum hujusmodi promoveri
faciant, ad publicas studiorum generalium uni-
versitates se conferre tenerentur, ac proinde
dictus Dominicus Archiepiscopus commodis a-
lumnorum et convictorum praedictorum consu-
lendo sibi licentiam ad gradus promovendi per
Nos concedi summopere desideret. Nobis propte-
rea humiliter supplicari fecit, ut sibi in praemissis opportune providere, et ut infra indul-
gere de benignitate Apostolica dignaremur; Nos
igitur piis ejusdem Dominici Archiepiscopi vo-
tis hac in re quantum in Domino possumus fa-
vorabiliter annuere volentes, dictorumque alumnorum et convictorum singulares personas a
quibusvis excomunicationis, suspensionis, et
interdicti, aliisque ecclesiasticis sententiis, cen-
suris et poenis a jure vel ab homine quavis
occasione, vel causa latis, si quibus quomodolibet innodati existant ad effectum praesentium
dumtaxat consequendum harum serie absolven-
tes, et absolutos fore censentes, hujusmodi sup-
plicationibus inclinati, de Venerabilium Fratrum
nostrorum S. P. Ecclesiae Cardinalium Concilii

Tridentini Interpretum consilio, eidem Dominico moderno et pro tempore existentibus Archiepiscopis Panormitanis, ut ipsi dumtaxat perpetuis futuris temporibus, omnes et singulos alumnos, convictores, magistros, et lectores dicti Seminarii, qui studiorum et lecturae cursum in eodem Seminario expleverint, et perlegerint, ac docuerint, publicasque theses habuerint, praevio tamen rigoroso examine coram eodem Archiepiscopo, seu alio in dignitate ecclesiastica constituto, ab ipso Archiepiscopo deputando, necnon Seminarii hujusmodi Rectore, ac studiorum Praefecto et Sacrae Theologiae Lectore, ac duobus Synodalibus examinatoribus, et duobus aliis in facultate hujusmodi Magistris habendo, postquam examinandi hujusmodi ab omnibus supradictis vel saltem majori illorum parte approbati fuerint, publice in Seminario, vel in Palatio Archiepiscopali ad Baccalaureatus, Licentiaturae, Doctoratus, necnon Magisterii in Sacra dumtaxat Theologia gradus, servatis in omnibus et per omnia forma decretorum Viennensis et Tridentini Conciliorum, quibus in aliquo derogare non intendimus, aliisque laudabilium publicarum studiorum generalium universitatum consuetudinibus, promovere, et ipsorum graduum insignia eis exhibere, hoc tamen adiecto onere, et conditione, ut quotiescumque Archiepiscopus praedictus, seu eius Subdelegatus supradictos gradus conferet expressam prae-

sentis privilegii, indulti , et facultatis mentio-
nem facere seu habere, et fateri se ad id de-
venire ex concessione et auctoritate Apostolica
explicite declarare tenentur, libere et licite pos-
sit, et valeat auctoritate Apostolica tenore praesentium concedimus et indulgemus, ita tamen
ut ad dictos gradus a memorato Archiepiscopo
promoti haberi debeant perinde ac si gradus
hujusmodi in aliqua publica studiorum generalium universitate recepissent, adeo ut capa-
ces sint et habeantur pro consecutione Canonica-
tuum, Praebendarum, et dignitatum, aliorumque
beneficiorum, quae in Archiepiscopali seu aliis
Civitatis et Dioecesis Panormitanae Ecclesiis
gradus hujusmodi exposcentia fundata reperiun-
tur, salva tamen semper in praemissis auctoritate Congregationis memoratorum Cardinalium , decernentes easdem praesentes literas
firmas, validas, et efficaces existere, et fore ,
suosque plenarios et integros effectus sortiri et
obtinere, ac illis ad quos spectat, et pro tempore quandocumque spectabit, plenissime suf-
fragari, sicque in praemissis per quoscumque
judices ordinarios et delegatos, etiam causarum
Palatii Apostolici Auditores , et Sedis Apostolicae nuncios judicari ac definiri debere, ac ir-
ritum et inane si secus super his a quoquam
quavis auctoritate scienter vel ignoranter con-
tigerit attentari. Non obstantibus constitutioni-
bus, et ordinationibus Apostolicis, ac quatenus

opus sit, Seminarii Archiepiscopalis aliarumque Ecclesiarum et Beneficiorum hujusmodi etiam juramento, confirmatione Apostolica, vel quavis firmitate alia roboratis statutis, et consuetudinibus, Privilegiis quoque Indultis , et literis Apostolicis in contrarium praemissorum quomodolibet concessis, confirmatis, et innovatis, quibus omnibus et singulis, illorum tenores praesentibus pro plene et sufficienter expressis ac de verbo ad verbum insertis habentes, illis alias in suo robore permansuris, ad praemissorum effectum hac vice dumtaxat specialiter et expresse derogamus, caeterisque contrariis quibuscumque. Datum Romae apud Sanctam Mariam Majorem sub annulo Piscatoris die XXX Aprilis MDCCXLV Pontificatus nostri anno quinto.

✠

Loco Sigilli

D. Cardinalis Passioneus

INDICE

Altre pubblicazioni del Traduttore.

—

Elogio funebre del Ch. Girolamo Quasarano— Palermo, Stamperia della Vedova Solli, 1853.

Sulla Confessione, poche parole a' Siciliani—Palermo,
Tipografia Barcellona, 1861.

*Sulla Confessione, riscontro alla risposta d'un Prote-
stante*—Palermo, Officio tipografico Parrino e Carini,
1861.

*Sulla intelligenza d'un testo scritturale e l'autorità
della Chiesa*—Palermo, Tipografia Barcellona, 1861.

Uno strano tentativo de' Protestanti in Palermo e la

necessità delle opere buone per salvarsi—Palermo, Tipografia Cesare Volpes, 1865.

Inno in onore della B. Margherita M. Alacoque, cantato con musica del Maestro Locasto nella Chiesa del Monastero di Sales, e programma delle feste per la solenne beatificazione—Palermo, Stabilimento tipografico di Francesco Lao, 1865.

Inno in onore della B. Maria degli Angeli, cantato con musica del Maestro Bertini nella Chiesa del Monastero di S. Teresa, e programma delle feste per la solenne beatificazione — Palermo, Tipografia di Pietro Pensante, 1865.

Vita del Sac. Gaetano Speciale già Canonico della Cattedrale di Nicosia — Palermo, Stabilimento tipografico di Francesco Lao, 1869.

In corso di stampa

I trionfi della Croce — Orazione recitata nel Gesù di Palermo l' 8 Giugno 1870.

WS - #0169 - 080724 - C0 - 229/152/16 - PB - 9780483657915 - Gloss Lamination